rowohlts monographien
begründet von Kurt Kusenberg
herausgegeben
von Wolfgang Müller und Uwe Naumann

Stefan Zweig

mit Selbstzeugnissen
und Bilddokumenten
dargestellt von
Hartmut Müller

rororo bildmonographien

Rowohlt

Dieser Band wurde eigens für «rowohlts monographien» geschrieben
Den Anhang besorgte der Autor
Herausgeber: Klaus Schröter
Mitarbeit: Uwe Naumann
Assistenz: Erika Ahlers
Schlußredaktion: K. A. Eberle
Umschlaggestaltung: Werner Rebhuhn
Vorderseite: Stefan Zweig, um 1931
(Ullstein-Bilderdienst, Berlin)
Rückseite: Textentwurf für die Wiener Zeitschrift «Donauland»
(Sammlung K. L. Maschler)

Veröffentlicht im Rowohlt Taschenbuch Verlag GmbH,
Reinbek bei Hamburg, November 1988

Satz Times (Linotron 202)
Gesamtherstellung Clausen & Bosse, Leck
Printed in Germany
ISBN 3 499 50413 8

9. Auflage. 37.–39. Tausend April 2000

Inhalt

Der weltbekannte Unbekannte

In seinem Abschiedsbrief an seinen brasilianischen Verleger Koogan hatte er um eine bescheidene und diskrete Beerdigung gebeten[1]*, aber die brasilianische Regierung, der von diesem Wunsch nichts bekannt war, hielt es für ihre Pflicht, Stefan Zweig, den weltberühmten Schriftsteller und Freund Brasiliens, durch ein Staatsbegräbnis gebührend zu ehren.

Am 24. Februar 1942 wurden die beiden reich mit Blumen geschmückten Särge Zweigs und seiner Frau Lotte in der Hauptschule von Petropolis aufgebahrt. Der Präsident der Akademie der Literatur, Carauta de Souza, hielt eine Ansprache vor einem illustren Kreis, darunter Staatspräsident Vargas, Minister, Generale, Publizisten, Künstler, Professoren. Dann zog der Trauerzug bei strahlendem Sonnenschein durch die abgeriegelten Straßen der Stadt. Acht Schriftsteller trugen den Sarg Stefan Zweigs, hinter ihnen schritten die Rabbiner, die aus Rio de Janeiro gekommen waren. Ungefähr 4000 Menschen drängten sich in den Straßen, Weiße, Mulatten, Neger, Indianer. Spontan wurden die Geschäfte geschlossen. Überall Blumen in den Händen der Menschen, die den Zug begleiteten, und die Kirchenglocken von Petropolis vereinigten sich zum Trauergeläut. Nachdenklich stimmten die Worte, die Carneiro, der Präsident der Wissenschaften, am offenen Grab sprach: «Wenn er nur ein wenig eitler gewesen wäre», klagte er, «es hätte ihn gewiß retten können – und er hätte uns diesen Schmerz erspart!»[2]

Das Ehepaar Zweig erhielt eine Ehrengruft neben dem Grab Kaiser Pedros II. Das Haus in Petropolis, in dem sie gewohnt hatten, wurde vom brasilianischen Staat aufgekauft und in ein Zweig-Museum verwandelt.

Stefan Zweig war in den zwanziger und dreißiger Jahren einer der meistgelesenen Schriftsteller deutscher Sprache. Seine Bücher erreichten Millionenauflagen und wurden in mehr als 50 Sprachen übersetzt. Nicht ohne Stolz berichtet er in seiner Autobiographie *Die Welt von gestern*: *... eines Tages las ich in der Statistik der ‹Coopération Intellectuelle› des Genfer Völkerbundes, daß ich zur Zeit der meistübersetzte Autor der Welt sei ...*[3] Der Erfolg stellte sich ein mit seinem Essayband *Drei Meister*; auch die nachfolgenden Novellen *Der Amokläufer* und *Brief einer Unbekannten*

* Die hochgestellten Ziffern verweisen auf die Anmerkungen S. 133f.

Petropolis

erzielten hohe Auflagen und wurden wie viele andere Prosawerke Zweigs später verfilmt. Das kleine Buch *Sternstunden der Menschheit* brachte es in kurzer Zeit auf 250000 Exemplare, und selbst von der Biographie *Fouché*, der der Verfasser selbst wenig Chancen beim Publikum eingeräumt hatte, weil sie keine einzige Liebesaffäre enthalte, waren innerhalb eines Jahres 50000 Bücher abgesetzt. Eine treue Lesergemeinde bildete sich in vielen Ländern, die jedes neue Buch des Autors mit Ungeduld erwartete. In den großen Buchhandlungen von Kairo bis Lissabon, von Schanghai bis Mexico City fand der Reisende die Bücher Stefan Zweigs.[4] «Sein literarischer Ruhm reichte bis in die letzten Winkel der Erde – ein merkwürdiges Vorkommnis bei der geringen Popularität, deren sonst deutsches Schrifttum im Vergleich mit französischem und englischem sich erfreut. Vielleicht ist seit den Tagen des Erasmus... kein Schriftsteller mehr so berühmt gewesen wie Stefan Zweig.»[5]

Es wäre interessant zu erfahren, aus welchen sozialen Schichten die zahlreichen Leser stammten, die so eifrig nach seinen Büchern griffen.

Da empirische Untersuchungen fehlen, ist man auf Einzelbeobachtungen und mehr oder minder plausible Spekulationen angewiesen.

Zielte sein Werk auf die aufgeschlossenen Vertreter des Mittelstands, die durch interessant geschriebene Biographien angenehm und gleichzeitig belehrend unterhalten werden wollten? Wandten sich seine psychologisch einfühlsamen und als pikant empfundenen Novellen vor allem an die «intellektuelle bürgerliche Jugend»?[6] Diese Annahmen wurden von Helmut Scheuer differenziert, ergänzt und auf die Gegenwart bezogen. Stefan Zweig, so stellte er fest, spreche die aufstiegsorientierte Mittelschicht zwischen Bourgeoisie und Arbeiterschaft an. Der Kleinbürger identifiziere sich mit den historischen Persönlichkeiten, die Zweig in der Weise darstelle, daß sie als Grundtypen erscheinen. Ihre Taten basierten auf eingängigen und überschaubaren psychologischen Grundmustern, «die in die Nähe der Trivialliteratur führen»[7]. Der Autor verstehe es meisterhaft, Bildungsreminiszenzen in verträglichen Portionen zu servieren und einer breiten Leserschicht schmackhaft zu machen.

Mit Recht hätte sich Zweig gegen die Einordnung seiner Werke in die Sparte Trivialliteratur zur Wehr gesetzt. Aber noch entschiedener würde

Die Grabstätte von Stefan und Lotte Zweig in Petropolis

er wohl den entgegengesetzten Vorwurf zurückweisen, er habe nur für die kleine Schicht der Gebildeten und Kenner geschrieben, seine Literatur sei in erster Linie Literatur für Literaten. Er sah sich immer als Vermittler; sein Ziel war es, einer großen Lesergemeinde interessante Themen auf fesselnde Weise nahezubringen. In gewisser Weise könnte auch für sein eigenes Schaffen das Urteil gelten, mit dem er einmal Jakob Wassermanns Werk charakterisierte. Wassermann habe *...fast volkstümliche Elemente... bewußt aufgenommen, eben weil er fühlte, daß die allzu vornehme Verachtung des Spannenden, dieses ewigen Urelements alles Erzählens, und die rigorose Ausschaltung des Sonderbaren jene merkwürdige Bleichsucht des deutschen Romans erzeugt hatten, an der wir seit einem Jahrhundert kranken...*[8]

Die Bücher des Juden Zweig wurden von den Nazis geächtet, öffentlich verbrannt und aus den Bibliotheken fast vollständig entfernt. Nur im sogenannten «Giftschrank» hielt man einige Restexemplare versteckt – für «wissenschaftliche» Benutzer, das heißt meistens zu «Beschimpfungszwecken»[9]. Diese Unterdrückungsmaßnahmen beraubte den Schriftsteller seiner Wirkungsmöglichkeiten im deutschen Sprachraum. Aber nach seinem Tod begann Zweigs Ruhm auch in den demokratischen Ländern zu verblassen, und diese Entwicklung setzte sich in den folgenden Jahren scheinbar unaufhaltsam fort, Stefan Zweigs Popularität ging zurück. Die offizielle Literaturwissenschaft nahm von seinem Schaffen wenig Notiz. Manche Kritiker hielten ihn für einen bloßen Unterhaltungsschriftsteller, einen mondänen, effektsicheren Literaten, der Welt von gestern verhaftet. Seine Werke verschwanden von den Leselisten der Schulen und Hochschulen, und auch heute beschäftigt sich der literarische Diskurs nur noch selten mit seinen Schriften. Sein Werk schien mindestens eine Zeitlang halb verschollen zu sein.

Dieser Feststellung, so plausibel sie auch klingen mag, widersprach der Freund und Nachlaßverwalter Zweigs, Richard Friedenthal, energisch: «Stefan Zweig ist nie verkannt gewesen», schrieb er 1976 im Nachwort zu dem Novellenband *Erstes Erlebnis*, «er brauchte nur wiederaufgelegt zu werden, sobald es (nach dem Kriege) dafür Papier, Druck und Druckerlaubnis gab.»[10] Eines ist wohl richtig: die Hauptwerke Zweigs waren nie vom Buchmarkt verschwunden, sie wurden und werden einer offensichtlich zahlreichen Leserschaft immer wieder in neuen Ausgaben angeboten.

Stefan Zweig war ein sehr produktiver Schriftsteller, er hat Gedichte, Feuilletons, Einleitungen zu den Werken von Schriftstellerkollegen, Übersetzungen, Erzählungen und Novellen, einen vollendeten und zwei unvollendete Romane, Biographien und Monographien, Essays, Dramen und Legenden, auch ein Libretto verfaßt. Dazu etwa 20000 bis 30000 Briefe; er gehörte zu den großen Briefschreibern der deutschen Literatur in der ersten Hälfte des 20. Jahrhunderts.[11] Als Anton Kippenberg, der

«Herr der Insel», der Eigentümer des Insel Verlags, erfuhr, daß sein Autor Zweig Mitinhaber einer Fabrik sei, soll er zum Spaß gefragt haben: «Was? Hat Zweig noch eine?»[12]

Seit einigen Jahren bemühen sich das Zweig-Archiv der Internationalen Zweig Gesellschaft in Wien und das Zweig Center des State University College in Fredonia, New York, um eine kritische Neubewertung seines Gesamtwerks. Es sind vor allem Vertreter der amerikanischen Germanistik, die es sich zum Ziel gesetzt haben, das Verständnis für das Werk und die Person des Schriftstellers zu wecken und zu vertiefen. Zum 100. Geburtstag Stefan Zweigs erschien eine umfassende, faktenreiche Biographie von Donald A. Prater, der viele bisher unveröffentlichte Briefe ausgewertet und wichtige Zeitgenossen befragt hat.

«Ein Traumschloß»

Über die Herkunft der Familie Zweig gibt ein Stammbaum genauere Auskunft, den Julius Röder 1932 aufstellte: «Die Nachkommen von Moses (Josef) Zweig»[13]. Stefan Zweigs Großvater Hermann (1807–84) war Geschäftsmann in Proßnitz in Mähren und handelte mit Manufakturwaren. Er gehörte zu den Juden, die sich vom orthodoxen jüdischen Glauben losgesagt hatten und *leidenschaftliche Anhänger der Zeitreligion des «Fortschritts»* wurden.[14] Politisch rechnete er sich zu den Liberalen und er suchte den Anschluß an das deutsche Großbürgertum. In späteren Jahren ging er nach Wien. Viele jüdische Geschäftsleute erkannten schon sehr früh die Überlegenheit der aus England importierten Spinnmaschinen über die traditionellen Webstühle. Mit wenig Kapital gründeten sie Textilfabriken und profitierten vom allgemeinen wirtschaftlichen Aufschwung Österreichs in den siebziger Jahren des 19. Jahrhunderts. Auch Stefans Vater Moritz (1845–1926) nutzte die Gunst der Stunde und begründete in Reichenberg in Nordböhmen eine kleine Weberei, die er dann zielstrebig zu einem der bedeutendsten Textilunternehmen in Österreich ausbaute. Moritz Zweig war ein vorsichtig disponierender Kaufmann, der das sichere ökonomische Wachstum der vielversprechenden, aber riskanten geschäftlichen Spekulation vorzog und so jedem wirtschaftlichen Abenteuer aus dem Weg ging. *Daß zeitlebens nie jemand seinen Namen auf einem Schuldschein, einem Wechsel gesehen hatte und er nur immer auf der Habenseite einer Bank – selbstverständlich der solidesten, der Rothschildbank, der Kreditanstalt – gestanden, war sein einziger Lebensstolz.*[15] Man glaubt aus dieser einfühlsamen und anerkennenden Formulierung herauszuhören, welch großes Verständnis auch sein Sohn Stefan für das Streben nach dem hohen Ziel der Lebenssicherheit aufbrachte. Moritz Zweig war aber nicht nur ein Unternehmer mit Fortune, der über das eindrucksvolle Vermögen von einer Million österreichischer Kronen verfügen konnte. Er war gebildet, weltläufig, beherrschte Englisch und Französisch, interessierte sich für Musik und spielte sehr gut Klavier. Seiner Art entsprach ein unauffälliger und unabhängiger Lebensstil fern dem Rampenlicht der Öffentlichkeit. Konsequenterweise lehnte er alle Auszeichnungen und Ehrungen ab. In vielen Dingen war Stefan seinem Vater ähnlich; auch er war in materiellen Dingen von einem für

Die Eltern Ida, geb. Brettauer, und Moritz Zweig

einen Literaten erstaunlichen Realitätssinn, und auch er billigte der äußeren und inneren Unabhängigkeit einen hohen Rang zu. Seine ausgesprochene Verschlossenheit schien er von seinem Vater geerbt zu haben; in seinen privaten Aufzeichnungen finden sich selten Äußerungen über seine Angehörigen. Als Vierundzwanzigjähriger schrieb er einmal folgende Bemerkung in sein Tagebuch: *Dienstag 28. 12. 1915. 70. Geburtstag Papas. In engerem Kreise, ohne Rührung, ohne Schönheit... Vielleicht werde ich auch einmal so sein... Manchmal verstehe ich den alten Mann obwohl ich nicht so werden möchte wie er.*[16] Trotz einer gewissen Reserve, die in diesem Tagebucheintrag zum Ausdruck kommt, hat Stefan zeitlebens bei seinem Vater größeres Verständnis gefunden als bei seiner Mutter, deren resolute Art ihn oft zu trotzigem Widerspruch herausforderte.

Stefans Mutter Ida, geb. Brettauer (1854–1938), entstammte einer jüdischen Bankiersfamilie. Die Brettauers lebten seit 1774 in Hohenems, Vorarlberg, im jüdischen Getto. In der Folgezeit gelang es ihnen, ins internationale Bankgeschäft einzusteigen. Joseph Brettauer lebte zwanzig Jahre in Ancona, wo auch seine zweite Tochter Ida geboren wurde. Das Bankgeschäft florierte, selbst der Vatikan gehörte zu den Bankkunden; die Brettauers wurden reich. Joseph Brettauer liebte es nicht, seinen Reichtum zur Schau zu stellen, aber er wußte ihn sinnvoll einzusetzen: als Tochter Ida den Industriellen Moritz Zweig heiratete, konnte sie ihren Ehemann mit einer bedeutenden Mitgift erfreuen. Ida Zweig war eine gesellschaftlich ambitionierte Dame, sie liebte den anspruchsvollen Lebenszuschnitt, das Repräsentative und Dekorative, teure Modeartikel und kostspielige Reisen.[17] Der Tradition ihrer Familie entsprechend, die, wie ihr Sohn süffisant feststellte, *auf sich hielt*[18], pflegte auch sie einen gewissen Snobismus. Obwohl sie ihren Mann als Großindustriellen respektierte, war sie doch von dem Gedanken tief durchdrungen, daß die Brettauers zu einer gesellschaftlich höheren Schicht gehörten als die Zweigs. Ida Brettauer hatte gewissermaßen den Stolz und die Vorurteile einer geborenen Aristokratin, allerdings einer Aristokratin von eigenen

Das Geburtshaus Wien I, Schottenring 14

Mit seinem Bruder Alfred (rechts), um 1886

Gnaden. In seiner Erzählung *Untergang eines Herzens* schildert Zweig den Gegensatz zwischen einem hart arbeitenden jüdischen Geschäftsmann und seiner Frau, einer verwöhnten, genußsüchtigen und oberflächlichen Dame, die wenig Verständnis für ihren schwerlebigen Mann aufbringt. Vielleicht ist Frau Salomonsohn eine auf die Spitze getriebene Karikatur Ida Brettauers?

Das Ehepaar Zweig zog in das Haus am Schottenring 14 in Wien. Dort wurde Stefan Zweig am 28. November 1881 als zweiter Sohn geboren. Die Kinder des Fabrikanten erhielten eine Erziehung, wie sie typisch war für das Wiener jüdische Großbürgertum. Gouvernanten und Kindermädchen kümmerten sich um die Sprößlinge, man legte großen Wert auf gute

Franz Joseph I. von Österreich und Gattin Elisabeth. Gemälde von F. X. Winterhalter (nach einer zeitgenössischen Postkarte)

Manieren und diszipliniertes Verhalten. Bei Tisch durften sie nicht reden, bevor die Erwachsenen das Wort an sie richteten. Wenn die Familie in die Sommerfrische reiste, konnte es vorkommen, daß die Kinder und ihre Betreuerinnen in einem billigen Gasthaus essen mußten, während die Eltern in einem teuren Restaurant speisten, eine Sparmaßnahme, an die sich Stefan noch nach vielen Jahren mit Zorn erinnerte. Mit Gleichaltrigen kamen die Kinder nur selten zusammen, sie waren wohlbehütet, aber einsam. Im Alter von sechs Jahren wurde Stefan in die Volksschule in der Werdertorgasse aufgenommen, 1892 trat er in das Wiener Wasa-Gymnasium ein.

Das zweite Kapitel seiner Autobiographie trägt die Überschrift *Die Schule im vorigen Jahrhundert*. Es sind teilweise recht unerfreuliche Erinnerungen, die dem Verfasser zum Thema einfielen. Er beklagt die dürren und unlebendigen Schulstunden, die Kälte und Unpersönlichkeit des Lehrapparats, die Jugendfeindlichkeit des ganzen Schulwesens. Die Schüler waren Objekte, es gab keine persönlichen Beziehungen zwischen Lehrern und Schülern. Ob sich die jungen Menschen während ihrer Schulzeit wohl fühlten oder nicht, schien niemand zu interessieren. Die einzige wichtige Aufgabe der Schule im Verständnis der Zeit ... *war nicht so sehr, uns vorwärtszubringen als uns zurückzuhalten* ...[19]. Im Zeitalter der Sicherheit wurde die junge Generation mit ihrer natürlichen Spontaneität, ihrem Wagemut und ihrer Unberechenbarkeit gleichsam als Element der Unsicherheit betrachtet. Der greise Kaiser Franz Joseph I., von dem man spottete, mit der Floskel «Es hat mich sehr gefreut» bestreite er die Mehrzahl seiner repräsentativen Aufgaben, und seine greisen Minister prägten das geistige Klima der k. u. k. Monarchie am Ende des Jahrhunderts. In dieser Zeit bedeutete Jugend einen beruflichen Nachteil. Zweig erinnerte sich an das Aufsehen, das damals die Berufung des achtunddreißigjährigen Gustav Mahler zum Direktor der Hofoper erregte.[20]

Als das Wasa-Gymnasium sein fünfzigjähriges Jubiläum feierte, bat man den ehemaligen Glanzschüler und berühmten Autor Stefan Zweig, bei diesem Anlaß die Festrede zu halten. Zweig lehnte ab, denn er hätte loben müssen, wo er nach seiner ehrlichen Überzeugung nur Gründe für kritische Anmerkungen sah. Da es aber dem konzilianten Mann schwerfiel, die Aufforderung entschieden abzulehnen, entschloß er sich, ein Gedicht zur Jubiläumsfestschrift beizusteuern. Das Gedicht trägt den Titel: *Wir sagten «Schule»*... Es spricht von *Angst, Strenge, Qual, Zwang und Gefangensein*, aber endet dann doch mit der versöhnlich gemeinten, aber

Das Hofburgtheater

Dostojevskij

Strindberg

Rilke

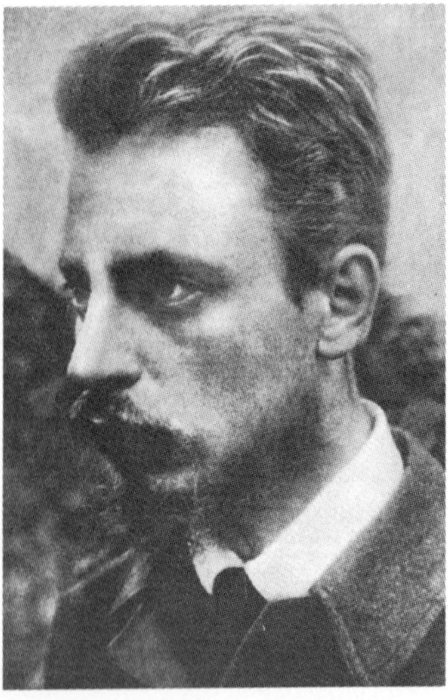

Stefan George

den Leser wenig überzeugenden Überlegung, daß in der Welt noch strengere Gesetze herrschten als im Dasein eines Schülers.[21]

Daß die Schulzeit für den jungen Zweig nicht nur eine Zeit der quälenden Langeweile blieb, verdankte er weniger seinen Lehrern als seinen Kameraden und den Anregungen, die die Stadt Wien mit ihren Buchhandlungen, Theatern, Museen und Konzertsälen bot. Der Vierzehn- oder Fünfzehnjährige entdeckte seine künstlerischen, literarischen und musikalischen Interessen. In den führenden Zeitungen Wiens nahmen Kunstkritiken und Berichte über kulturelle Veranstaltungen breiten Raum ein, die Gebildeten diskutierten über die Inszenierungen des Burgtheaters und über die Aufführungspraxis der Oper, die großen Künstler, besonders die Burgschauspieler genossen abgöttische Verehrung, und die Premieren der Opern von Richard Strauss und der Dramen von Gerhart Hauptmann boten den Wienern tagelang Gesprächsstoff. Stefan und seine Schulkameraden stellten sich vor einer großen Premiere schon um drei Uhr in der Frühe an, um eine Karte für einen Stehplatz zu erhalten. Sie schlichen sich in die Proben der Philharmonie, drängten sich in die Kollegs der Universität und lasen gierig die nationalen und internationalen Zeitungen, die in den Cafés auslagen, den «Mercure de France», die «Neue Rundschau», das «Burlington Magazine», und diskutierten über die Kunstkritiken, die dort abgedruckt waren. Die Beschäftigung mit künstlerischen Dingen entsprang nicht zuletzt einer gewissen *kindischen Eitelkeit*[22]; hochmütig sah man auf die banausische Umgebung, auf die Eltern und Lehrer herab. Aber es steckte doch mehr hinter diesem etwas wahllosen Enthusiasmus. Der junge Zweig war aufgeschlossen für den Wechsel des intellektuellen und künstlerischen Klimas, der das Ende des Jahrhunderts bestimmte, er hatte *einen ausgezeichneten Instinkt für Witterungsumschläge*[23].

Die Wertvorstellungen der Gesellschaft waren im Umbruch begriffen, der Geschmack veränderte sich, das bewährte Alte trat in den Hintergrund, neue Themen und neue Darstellungsweisen begannen sich durchzusetzen. Das Interesse der Jungen galt nicht mehr ausschließlich Gottfried Kellers Prosa, Ibsens Dramen, Brahms' Musik, Leibls Gemälden und Eduard von Hartmanns Philosophie. Man ging auf Distanz zu den würdigen, achtunggebietenden Schriftstellern, den hochrespektierten, aber behäbig gewordenen Literatur-Päpsten mit ihren graumelierten Bärten und ihren *poetischen Samtjacken*[24]: Wilbrandt, Ebers, Dahn, Heyse. Neue Namen zogen die Aufmerksamkeit auf sich: Baudelaire, Whitman, Valéry, Mallarmé – Lyriker, die erst zehn Jahre später allgemein bekannt und berühmt wurden –, dazu Zola, Strindberg, Hauptmann, Dostojevskij. In Deutschland kündigte sich der Ruhm einiger junger Dichter an: George, Rilke, und in Wien etablierte sich die Gruppe des «jungen Wien», zu der Hermann Bahr, Richard Beer-Hofmann, Arthur Schnitzler und Peter Altenberg gehörten. Aber es war vor allem ein Dich-

Stehend: Richard Beer-Hofmann, Hermann Bahr.
Sitzend: Hugo von Hofmannsthal, Arthur Schnitzler

ter, der den jungen Zweig faszinierte und begeisterte, *das wunderbare und einmalige Phänomen Hugo von Hofmannsthals*[25].

Stefan Zweig hat Hofmannsthal sehr bewundert, vor allem seine frühen Verse, «Vorfrühling», «Terzinen über Vergänglichkeit» und das lyrische Drama «Der Tod des Tizian»[26], Dichtungen, die er mit volltönenden Wendungen pries (*morgenhell*, *betörend süß*, *orphisch*, *kostbar*). In der Gestalt des sieben Jahre Älteren sah Zweig den Urtyp des jungen Dichters, ein Vorbild für seine eigene künstlerische Entwicklung, einen Meister, als dessen Schüler er sich empfand. In seinen Lebenserinnerungen berichtet er von einem Vortrag, den Hofmannsthal im «Wissenschaftlichen Klub» über Goethe hielt. Zweig spürte eine *gymnasiastische Anbetung*[27] gegenüber einem Genius, der sich herabließ, in dieser bescheidenen Umgebung wie ein gewöhnlicher Mensch zu gewöhnlichen Menschen zu sprechen. Auch in späteren Jahren pries er Hofmannsthal bei offiziellen Anläßen als die Verkörperung des Österreichischen, des Wienerischen: ... *Hofmannsthal, ein Viertel Oberösterreicher, ein Viertel Wiener, ein Viertel Jude, ein Viertel Italiener, zeigt geradezu symbolisch, welche neuen Werte, welche Feinheiten und glücklichen Überraschungen sich durch solche Mischungen ergeben können. In seiner Sprache ist sowohl in Vers als auch in Prosa vielleicht die höchste Musikalität, die die deutsche Sprache erreicht hat, eine Harmonisation des deutschen Genius mit dem lateinischen, wie sie nur in Österreich ... gelingen konnte.*[28] Zweigs private Äußerungen klangen allerdings ein wenig anders. In einem Brief an Otto Heuschele beklagte er die *Tragödie seines* (Hofmannsthals) *Daseins*. Hofmannsthal habe nicht die Kraft, *ein Werk großen Umfangs zu vollenden*, sein letzter Roman sei beeinträchtigt durch *Schwäche der Nerven* und eine *tragische Unzufriedenheit*.[29] Schon als junger Mann habe er dichterische Vollkommenheit erreicht, aber dann sei die magische Trunkenheit des

Zeugnis der Volksschule in der Werdertorgasse für das Jahr 1890/91

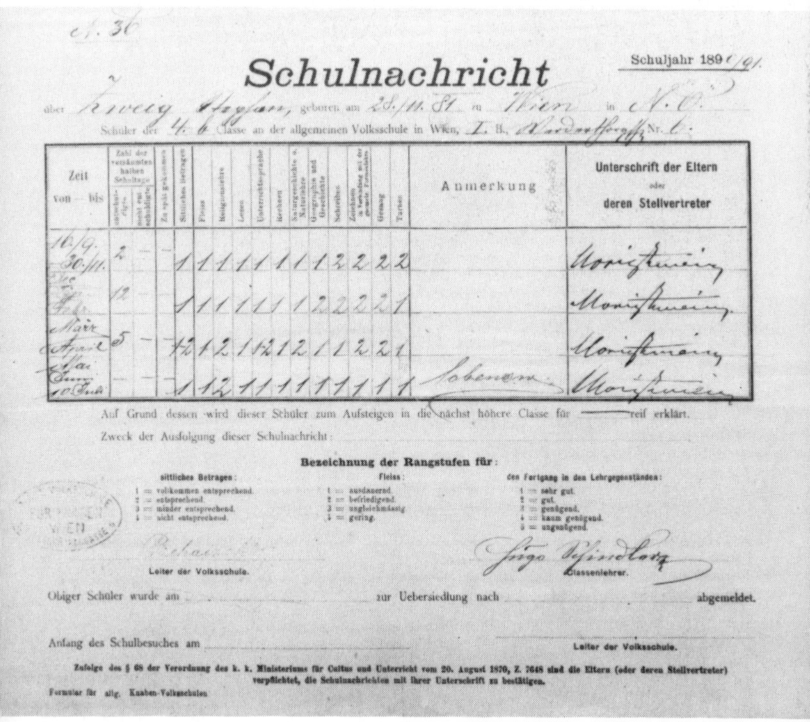

Schuljahr 1890/91

Schulnachricht

über Zweig Stefan, geboren am 28./11. 81 zu Wien in N.Ö.

Schüler der 4. b Classe an der allgemeinen Volksschule in Wien, I. B., Werdertorgasse Nr. 6.

Zeit von – bis	Zahl der versäumten halben Schultage: entschuldigte	nicht entschuldigte	Zu spät gekommen	Sittliches Betragen	Fleiss	Religionslehre	Lesen	Unterrichtssprache	Rechnen	Naturgeschichte u. Naturlehre	Geographie und Geschichte	Schreiben	Zeichnen	Gesang	Turnen	Anmerkung	Unterschrift der Eltern oder deren Stellvertreter
16./9.–30./11.	2	–	–	1	1	1	1	1	1	1	1	2	2	2	2		[illegible]
Dec.–Febr.	12			1	1	1	1	1	1	1	2	2	2	2	1		[illegible]
März–April	5	–	–	1/2	1	2	1	1/2	1	2	1	1	2	2	1		[illegible]
Mai–Juni–10. Juli	–	–		1	1	2	1	1	1	1	1	1	1	1	1	[illegible]	[illegible]

Auf Grund dessen wird dieser Schüler zum Aufsteigen in die nächst höhere Classe für reif erklärt.

Zweck der Ausfolgung dieser Schulnachricht:

Bezeichnung der Rangstufen für:

sittliches Betragen:
1 = vollkommen entsprechend.
2 = entsprechend.
3 = minder entsprechend.
4 = nicht entsprechend.

Fleiss:
1 = ausdauernd.
2 = befriedigend.
3 = ungleichmässig.
4 = gering.

den Fortgang in den Lehrgegenständen:
1 = sehr gut.
2 = gut.
3 = genügend.
4 = kaum genügend.
5 = ungenügend.

Leiter der Volksschule.

Hugo [illegible]
Classenlehrer.

Obiger Schüler wurde am zur Uebersiedlung nach abgemeldet.

Anfang des Schulbesuches am

Leiter der Volksschule.

Zufolge des § 68 der Verordnung des k. k. Ministeriums für Cultus und Unterricht vom 20. August 1870, Z. 7648 sind die Eltern (oder deren Stellvertreter) verpflichtet, die Schulnachrichten mit ihrer Unterschrift zu bestätigen.

Formular für allg. Knaben-Volksschulen

Stefan Zweig als Student, etwa 1901

jugendlichen Genius der Ernüchterung gewichen. Hofmannsthal revanchierte sich, indem er seinen Freunden gegenüber den auch finanziell sehr erfolgreichen Autor Zweig gern «Erwerbs-Zweig» nannte und ihn beschuldigte, er versuche seine dichterische Existenz in literatenhafter Manier nachzuahmen.[30]

Es ist wohl kein Zufall, daß Zweig in seinen Erinnerungen von diesen persönlichen Rivalitäten und Differenzen nichts anklingen läßt, denn sein Element war der Ausgleich der Dissonanzen, das Aufzeigen der Gemeinsamkeiten, das Geltenlassen anderer Weltanschauungen und Ideen, eben die «Konzilianz», die er als typisch österreichisch empfand und die ihm selbst Lebenselixier war. Meinungskämpfe, intellektueller Streit, Enthüllungen und Entlarvungen, die Durchsetzung des als richtig Erkannten und die Zurückweisung gegnerischer Ansprüche, jede Art von Aggressivität, besonders jede prononcierte Parteinahme in politischen Auseinandersetzungen waren Zweig wesensfremd.

Auch für die politischen Verhältnisse in Österreich sollte das Ideal des harmonischen Ausgleichs gelten. Mit Sorge und Unbehagen spürte Zweig, daß das feste Haus der k.u.k. Monarchie schon damals bedenkliche Risse zeigte. Nach seiner Meinung hatte die unangefochtene Herrschaft des liberalen Bürgertums lange Zeit für den konzilianten Ausgleich der politischen Interessen gesorgt, aber jetzt erhoben die Massen ihre

Hugo von Hofmannsthal

Ansprüche und verlangten Mitbestimmungsrechte. Unter Führung Victor Adlers bildete sich eine sozialistische Partei, die für die Proletarier das allgemeine und gleiche Wahlrecht forderte. Am 1. Mai 1890 führten die Arbeiter zum erstenmal in der Geschichte Österreichs einen Aufmarsch im Prater durch. Die Bürger machten sich auf blutige, «jakobinische» Ausschreitungen gefaßt und sie sahen den Untergang des ganzen Staates voraus.[31] Ein bewaffnetes Polizeiaufgebot hielt sich bereit, um die öffentliche Ordnung zu verteidigen. Aber es kam anders. In disziplinierter Ordnung marschierten die Arbeiter und sangen ihre Lieder ... *kameradschaftlich lachten die Polizisten, die Soldaten ihnen zu*[32].

Gefährlicher war die Partei der Kleinbürger, die christlich-soziale Partei unter ihrem antisemitischen Führer und späteren Wiener Bürgermeister, Dr. Karl Lueger. Aber der «schöne Karl» regierte nach Zweigs Mei-

Stefan Zweig (vorn rechts) und Bruder Alfred (vorn links) in Gesellschaft

Karl Lueger

nung gerecht und demokratisch und hielt sogar seinen früheren jüdischen Freunden die Treue. Schließlich gab es noch die deutschnationale Partei, deren Ziel es war, mit revolutionären, terroristischen Mitteln, durch brutale Einschüchterung und physische Gewalt, die österreichische Monarchie zu zerstören und Österreich mit dem Deutschen Reich zu verschmelzen. Die Abgeordneten der Deutschnationalen bezeichnete Zweig in seinen Erinnerungen als *die Schande des österreichischen Parlaments*[33]. Wie gut, daß diese Partei zahlenmäßig schwach und politisch unbedeutend war und nur in den alpenländischen Grenzgebieten auf Zuzug zählen konnte!

Man sieht, Stefan Zweig, der die Katastrophen zu Beginn des 20. Jahrhunderts am eigenen Leib durchleiden mußte, konnte sich nicht dazu durchringen, in seinen Erinnerungen die politisch-soziale Realität ohne Milderungen und Abschwächungen zu schildern. Er sah «die Vorkriegswelt mit den Augen des Vorkriegs»[34], und auch seine erste Frau Friderike kritisierte Zweigs Beschreibung des alten Österreich in seiner *Welt von gestern* als zu einseitig-harmonisierend. Zweig wollte zum Beispiel nicht wahrhaben, daß der Antisemitismus nicht nur ein Programmpunkt der christlich sozialen Partei war, sondern daß er die öffentliche Meinung be-

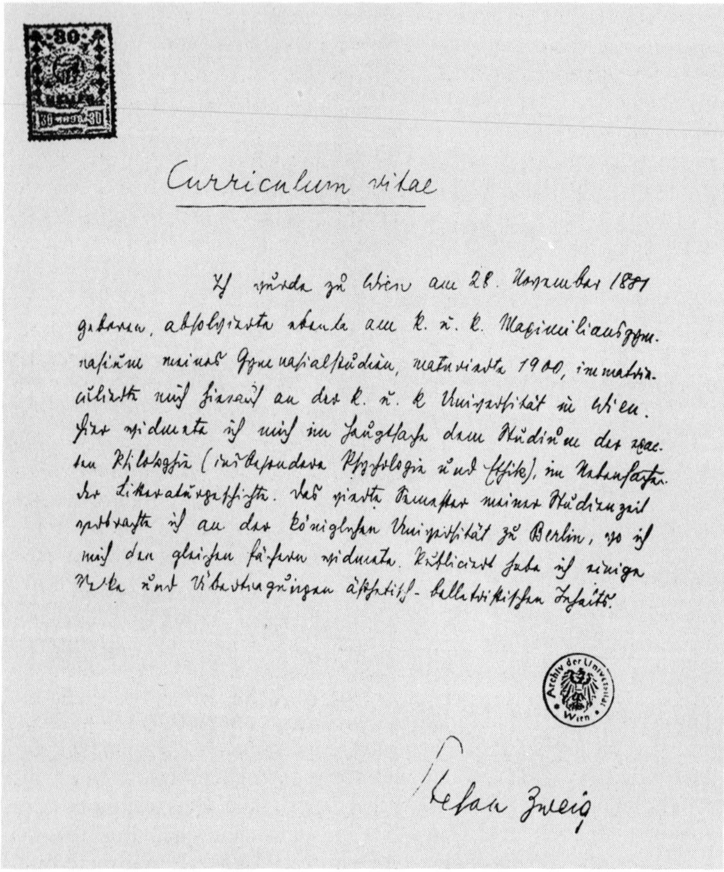

Curriculum vitae

Ich wurde zu Wien am 28. November 1881 geboren, absolvierte ebenda am k. u. k. Maximiliansgymnasium meine Gymnasialstudien, maturierte 1900, immatrikulierte mich hierauf an der k. u. k. Universität in Wien. Hier widmete ich mich im Hauptfache dem Studium der exacten Philosophie (insbesondere Psychologie und Ethik), im Nebenfache der Literaturgeschichte. Das vierte Semester meiner Studienzeit verbrachte ich an der königlichen Universität zu Berlin, wo ich mich den gleichen Fächern widmete. Publiciert habe ich einige Werke und Übertragungen ästhetisch-belletristischen Inhalts.

Archiv der Universität Wien

Stefan Zweig

einflußte. Die deutschnationalen Couleurstudenten sprachen den jüdischen Kommilitonen die Satisfaktionsfähigkeit grundsätzlich ab, und der Rechtsprofessor Eugen Dühring erhob in aller Öffentlichkeit die beleidigende Forderung: «Juden zurück ins Ghetto, Ende der Emanzipation!» Kaiser Franz Joseph sah sich gegenüber Ministerpräsident Taaffe zu folgender Warnung veranlaßt: «Ich dulde keine Judenhetze in meinem Reiche. Jede Antisemitismusbewegung muß sofort in ihrem Keime erstickt werden... Die Juden sind patriotische Männer und setzen ihr Leben mit Freuden ein für Kaiser und Vaterland.»[35] Stefan Zweig verkannte die Probleme des Vielvölkerstaats mit seinen zentrifugalen Kräften, Probleme, die die Proklamierung der «Realunion» zwischen Österreich und

Ungarn vom Jahre 1867 schon deswegen nicht lösen konnte, weil die Slawen immer entschiedener die Forderung erhoben, den «Dualismus» (Deutsche-Ungarn) durch einen «Trialismus» (Deutsche-Ungarn-Slawen) zu ersetzen. Er hatte keinen Blick für Wirtschaftskrisen, Arbeitslosigkeit, Klassengegensätze, er unterschätzte die Gefahren des aufkommenden Irrationalismus und beschrieb eine heile Welt, die nur einige wenige dunkle Stellen aufwies. Stefan Zweig hielt sich nicht für befugt, zu politischen und sozialen Fragen Stellung zu nehmen, und er wollte das im Grunde auch gar nicht, denn er lehnte es immer ab, sich *in Politik hineinzerren* zu lassen.[36] Das Politische setzte er mit dem Dogmatischen gleich, beides verabscheute er *im tiefsten*[37]. Nicht einmal sein Wahlrecht übte er aus.[38] Mit dieser Haltung stand Zweig keineswegs allein. Die Weigerung, am politischen Leben teilzunehmen, war in gewisser Weise typisch für die Haltung vieler bürgerlicher Intellektueller in der Zeit bis 1933 und auch noch später. So wehrte sich zum Beispiel Gerhart Hauptmann stellvertretend für viele Künstler entschieden gegen einige Kritiker, die in ihm den Anhänger einer bestimmten politischen Partei sehen wollten, mit der Behauptung: «Ein Künstler darf kein Politiker sein.»[39] Politik und Kultur sollten säuberlich voneinander getrennt werden. Es war wie ein Symbol für diese weitverbreitete Einstellung, daß im Feuilleton der «Neuen Freien Presse» ein dicker schwarzer Strich den politischen vom kulturellen Teil trennte.

So überrascht es auch nicht, daß Zweig im Rückblick auf seine Jugend großes Verständnis zeigt für «jene gefährliche Wiener Naivität, die Hermann Broch einmal die Lebenshaltung der ‹fröhlichen Apokalypsen› genannt hat»[40]. *Wir hatten nicht das geringste Interesse*, so lesen wir in seiner Autobiographie, *für politische und soziale Probleme: was bedeuteten diese grellen Zänkereien in unserem Leben?*[41] Statt dessen schwärmten der junge Zweig und seine Freunde für Bücher, Bilder und Musik, sie genossen die *jouissance* ihrer Vaterstadt Wien, das unbekümmerte, anregende Leben der kosmopolitisch orientierten alten Kaiserstadt. Politisch fühlten sie sich zwar dem Habsburgerstaat auf nicht genau definierte Weise verbunden, aber ihre wahre Heimat war das goldene Zeitalter, das Reich der Kunst[42], eine Insel der Seligen jenseits von Raum und Zeit, der arkadische Hain der Musen, ein utopisches Land der Sehnsucht, glanzvoll und stets gefährdet, *ein Traumschloß*[43], das der erste Weltkrieg schwer beschädigte und der zweite dann vollständig zerstörte.

Ursprünglich sollten Zweigs Erinnerungen den Titel tragen: *Meine drei Leben*. Sein erstes Leben war gewissermaßen durch das Jahr 1914 abgeschlossen, das zweite reichte bis zur nationalsozialistischen «Machtergreifung» und das dritte von 1933 bis zur Gegenwart, das heißt bis zum Jahr 1939. Eigentlich handelt es sich nicht um eine Autobiographie im strengen Sinn. Nicht das Schicksal des Autors, sondern die Erfahrungen und Lebensgefühle seiner Generation sollten nachgezeichnet und die Anato-

Mit Benno Geiger, 1910

mie eines Zeitalters sichtbar gemacht werden. Zweigs Ziel war es, ohne Selbstbespiegelung eine verschwundene Lebensform dokumentarisch festzuhalten und Zeugnis abzulegen von einem versunkenen Reich, dem die europäische Zivilisation unendlich viel verdankt.[44] So entstand eine fast unpersönliche Autobiographie. Zweig hat seine beiden Frauen, Friderike und Lotte, seine Freunde Felix Braun, Victor Fleischer, Erwin Rieger nicht einmal erwähnt und sich auch mit der Schilderung persönlicher Gefühle deutlich zurückgehalten. Ein wichtiger Akzent liegt auf der Darstellung seiner literarischen Bekanntschaften und Begegnungen; aber dies geschieht ohne jede kritische Auseinandersetzung und ohne psychologische Reflexionen. Wir erfahren, daß Zweig vor allem Kontakt hielt zu den Schriftstellern, die sich der Tradition verpflichtet fühlten, Henri Barbusse, Georges Duhamel, Romain Rolland, Maxim Gorki, William Butler Yeats, aber nicht zu modernen Literaten wie etwa T. S. Eliot, Ezra Pound oder Gottfried Benn. Der Leser erhält auch keine tieferdringenden Aufschlüsse über Zweigs eigenes literarisches Werk.[45] Trotz dieser kritischen Einwände bleibt der Wert seiner Autobiographie unbestritten. Zweigs Erinnerungsbuch vermittelt in anschaulicher Weise das Bild einer ganzen Epoche vom Ende des 19. Jahrhunderts bis zum Beginn des Zweiten Weltkriegs und spiegelt die Normen und Werte, die Illusionen und Begrenzungen, die nicht nur typisch waren für das Bürgertum in jener Zeit, sondern die auch Leben und Schaffen des Verfassers prägten. «Es ist das Leben (und das Buch) eines Klassizisten, voller Traditionen und Haltung, von der Geburt bis zum Tod stilisiert, abgerundete Sätze, abgerundete Empfindungen...»[46]

«Die frühen Kränze»

Schon als Gymnasiast hatte Zweig begonnen, Gedichte und Erzählungen zu schreiben, und es war ihm gelungen, seine ersten Gedichte in der Berliner Zeitschrift «Die Gesellschaft» zu veröffentlichen. Unermüdlich schrieb er weiter, nach seinen eigenen Angaben entstanden 300 bis 400 Gedichte, von denen er etwa die Hälfte auch gedruckt lesen konnte in der «Berliner Morgenpost», im «Prager Tagblatt», im «Magazin für Literatur», aber auch in der «Südwestdeutschen Rundschau» und der «Badischen Landeszeitung».[47] Aber sein Ehrgeiz reichte höher. Als Literat wollte er von der Autorität beglaubigt und bestätigt werden, die in Wien als höchste literarische Instanz galt, von der Feuilleton-Redaktion der bedeutendsten Wiener Zeitung, der «Neuen Freien Presse». Eines Tages entschloß er sich, dem Leiter des Feuilletons, Theodor Herzl, seine Aufwartung zu machen. Herzl hatte sich als geistreicher Journalist, als kluger Kritiker und auch als gewandter Schriftsteller einen Namen gemacht und sein Wort hatte in der literarischen Öffentlichkeit Wiens großes Gewicht. Als Pariser Korrespondent der «Neuen Freien Presse» war er Zeuge gewesen, wie durch den voreingenommenen Urteilsspruch eines Gerichts, das unter dem Druck einer fanatischen, antisemitischen Hetze stand, der Jude Hauptmann Alfred Dreyfus öffentlich degradiert wurde. Vergeblich hatte der tief gedemütigte Mann seine Unschuld beteuert. Nach diesem Erlebnis war Herzl entschlossen, für die jüdische Sache zu kämpfen und der Diskriminierung seines Volkes ein Ende zu setzen. In seiner Kampfschrift «Der Judenstaat» forderte er einen Nationalstaat für die Juden, Palästina sollte für die Heimatlosen zur Heimat werden. Manche antizionistisch eingestellten wohlhabenden Wiener Juden, die sich als Österreicher fühlten und nicht im Traum daran dachten, ihre Geschäfte, Arztpraxen und Rechtsanwaltskanzleien aufzugeben und ihre Villen mit primitiven Unterkünften in einem orientalischen Land zu vertauschen, belächelten Herzl als «König von Zion».

Als der zwanzigjährige Zweig zum erstenmal dem hochgewachsenen Mann mit dem schwarzen Vollbart im Redaktionszimmer gegenübersaß, konnte er feststellen, daß dieser Spottname durchaus eine tiefere Bedeutung hatte. Von der würdigen, imposanten Erscheinung Herzls ging tatsächlich etwas Herrscherliches aus. Unwillkürlich mußte Zweig an einen

Theodor Herzl

beduinischen *Wüstenscheich*[48] im wehenden weißen Burnus denken. Mit zeremonieller Höflichkeit unterhielt sich der Redakteur mit seinem jungen Besucher, der ihm schüchtern eine kleine Prosaarbeit auf den Schreibtisch legte. Der Wüstenscheich lehnte sich in seinen Sessel zurück, verstummte und begann Zweigs Text sorgfältig und langsam zu lesen. Als er fertig war, steckte er das Manuskript umständlich in einen Umschlag und schrieb eine Notiz darauf. Nach einer effektvoll verlängerten Pause wandte er sich schließlich an Zweig und sagte mit theatralischer Feierlichkeit in der Stimme: *«Ich freue mich, Ihnen sagen zu können, daß Ihre schöne Arbeit für das Feuilleton der ‹Neuen Freien Presse› angenommen ist.»*[49]

Die Aufnahme ins Feuilleton dieser großen Zeitung, die ihre Spalten sonst nur den erlauchten Federn eines Anatole France, eines Gerhart Hauptmann, Ibsen, Zola, Shaw oder Strindberg zu öffnen geruhte – von den jüngeren Schriftstellern war nur Hofmannsthal dieser hohen Ehre für würdig befunden worden –, empfand der angehende Literat als eine Art

Ritterschlag. Über drei Jahrzehnte blieb Zweig eifriger Mitarbeiter der «Neuen Freien Presse» und seine gelungensten und bedeutendsten Abhandlungen und Berichte erschienen zuerst in diesem Blatt. Herzl förderte den jungen Zweig nach Kräften und bezeichnete ihn in einem Artikel über Österreichs junge Literatur als vielversprechendes Talent. Sicher war er enttäuscht, als er merkte, daß sich sein Protegé nicht entschließen konnte, in der Organisation aktiv mitzuarbeiten, deren Ziele ihm selbst so sehr am Herzen lagen. Stefan Zweig beurteilte die Chancen der zionistischen Bewegung sehr skeptisch. Er glaubte nicht, daß sich die religiösen, die freigeistigen, die kapitalistischen oder die sozialistischen Juden, die auch noch auf verschiedene Weise geprägt waren durch den kulturellen Hintergrund der Länder und Provinzen, in denen sie lebten, zusammenschließen könnten zu einer einzigen jüdischen Nation. Vom Parteienstreit innerhalb der jüdischen Gemeinschaft fühlte er sich abgestoßen; er vermißte auch den notwendigen Respekt der Juden gegenüber ihrem politischen Führer Theodor Herzl. Dazu kam, daß sich Zweig zeit seines Lebens gegen eine Mitgliedschaft in einer Partei oder einer anderen Organisation heftig sträubte, weil er immer befürchtete, sich festlegen zu müssen, was nach seiner Meinung seiner persönlichen und künstlerischen Freiheit hätte abträglich sein können.

Die Familie Zweig war tief beeindruckt, als sie den Namen ihres Sohnes Stefan immer häufiger auf der ersten Seite der führenden Wiener Zeitung lesen konnte, und als der Junge den Wunsch äußerte, Schriftsteller zu werden, stieß er auf verständnisvolle Zustimmung. Sein älterer Bruder Alfred, so wurde im Familienrat beschlossen, sollte später einmal die Leitung der Textilfirma in Reichenberg übernehmen. Allerdings erwartete man von Stefan, daß er studiere – irgend etwas, und um der Familienehre willen promoviere –, in einem beliebigen Fach.

Die Pflege der Wissenschaften und Künste galt bei den großbürgerlichen jüdischen Familien als ein weiterer Schritt auf dem Weg zur vollständigen Assimilation. Der erste Schritt war der wirtschaftliche Erfolg, und die Bankhäuser der Fries, Pereira und Arnstein, die erfolgreichen Unternehmen der Textil-Maschinen- und Stahlindustrie (Wittgenstein) legten beredtes Zeugnis ab für die geschäftliche Tüchtigkeit dieser Schicht. Doch wurde Reichtum von der jüdischen Bourgeoisie nur als Zwischenstufe verstanden, ihr eigentliches Lebensziel war der Aufstieg in den Kreis der geistigen Berufe und in die Sphäre der Kultur allgemein. Schon aus diesen Gründen wurde Zweigs Berufswunsch von seiner Umgebung wohlwollend aufgenommen, zumal finanzielle Überlegungen dabei glücklicherweise außer acht gelassen werden konnten. Als gehorsamer Sohn willigte er auch in ein akademisches Studium ein, und da ihm die Wahl des Studiengebiets freigestellt war, suchte er sich Fächer aus, die ihn möglichst wenig in seiner literarischen Arbeit und in seiner persönlichen Freiheit zu hindern schienen: Philosophie und Literaturwissenschaft. Die nächsten drei Jahre war er nun Student der Universität Wien, allerdings nur pro forma. Zwar belegte er die Vorlesungen, aber er erschien nur selten zu den Lehrveranstaltungen.

Allmählich fühlte er sich in Wien eingeengt durch die Bindung an seine Familie, aber auch durch den Umgang mit seinen Freunden und Bekannten, die er regelmäßig traf und die meistens der gleichen jüdisch-bürgerlichen Schicht entstammten wie er selbst. Der junge Student spürte, daß er bisher nur einen schmalen Ausschnitt der sozialen Wirklichkeit kennengelernt hatte. Deshalb beschloß er, Wien zu verlassen und in Berlin weiterzustudieren. In Berlin hoffte er eine *höhere und noch vollkommenere Art der Freiheit*[50] zu finden. Die Hauptstadt des Königreichs Preußen war damals erst auf dem Weg zur Weltstadt. Es fehlte ihr noch die architektonische Eleganz und bauliche Geschlossenheit, die Wien so unverwechselbar machten, aber eine phantastische wirtschaftliche Entwicklung hatte bereits eingesetzt, und die Theater unter Otto Brahm und Max Reinhardt und die reich ausgestatteten Museen versuchten der aufstrebenden Metropole kulturellen Glanz zu verleihen. Zweig war nach Berlin gekommen, um interessante Menschen zu treffen, und dazu schien ihm der von Ludwig Jacobowski gegründete Verein «Die Kommenden» die beste Gelegenheit zu bieten. In einem Café am Nollendorfplatz versammelten sich russische Studenten, schlesische Juden, aufstrebende, arrivierte und verkrachte Existenzen, Literaten, Architekten, Journalisten, preußische Aristokraten, der siebzigjährige Dichter Peter Hille, der ab und zu aus seinen Gedichten vorlas, Rudolf Steiner, der spätere Begründer der Anthroposophie; dazu Säufer, Drogenabhängige, Homosexuelle, unbürgerliche Menschen, die den aus der Welt der Sicherheit und Solidität kommenden jungen Mann faszinierten und ihm Modelle lieferten für die Darstellung der gefühlsintensiven, monomanischen, gefährdeten Figuren in seinen späteren Novellen und Erzählungen. In dem zionistischen «Schwarzweißkünstler» Ephraim Mosche Lilien begegnete er zum erstenmal einem Vertreter des Ostjudentums, ein junger Russe übersetzte für ihn aus Dostojevskijs Roman «Die Brüder Karamasov», einem Werk, das in Deutschland noch unbekannt war, er bewunderte die Bilder Edvard Munchs und nahm teil an einer spiritistischen Sitzung.

Im folgenden Jahr gab Zweig seinen ersten Gedichtband *Silberne Saiten* im Verlag Schuster & Löffler heraus. Das Titelblatt entwarf Hugo Steiner. Dehmel, Liliencron und andere kompetente Kritiker spendeten freundlichen Beifall, nur eine einzige ablehnende Besprechung von Sigmar Mehring im «Berliner Tageblatt» verstimmte den jungen Lyriker nachhaltig. Zweigs Lyrik, das gilt auch für seinen 1906 im Insel Verlag erschienenen zweiten Gedichtband *Die frühen Kränze*, ist wenig originell. In Stil und Thematik erinnern seine Gedichte an große Vorbilder, an Goethe, Heine, Hofmannsthal, George, Rilke. Neuromantische und expressionistische Elemente vermischen sich, Adjektive treten gehäuft auf, die Vergleiche sind gesucht und die erotischen Gefühle schwül. Aber die Reime sind kunstfertig gehandhabt, und der Lyriker beherrscht verschiedene Gedichtformen, Terzinen, Balladen, Sonette, Rollengedichte, ohne spürbare Anstrengung, gewandt und sicher. Zur großen Freude des Autors wurden die Gedichte *Neue Fülle* und *Ein Drängen ist in meinem Herzen* (aus *Silberne Saiten*) sogar von Max Reger für seine Liederhefte (op. 97 und 104) vertont. Nach dem Erscheinen seiner beiden Gedichtbände galt Zweig in Wien als hoffnungsvolles lyrisches Talent. Über seinen Lyrikband *Die frühen Kränze* äußerte sich Rilke in einem Brief, der ein Muster ist an behutsamer, vage anerkennender Einfühlung bei gleichzeitiger, diplomatisch-schonender Ablehnung: «Dieses Buch wird Ihnen, wie rasch Sie sich auch von ihm entfernen mögen, immer lieb bleiben. Wohin Ihre Entwicklung auch aufwachsen mag: es wird seine Stelle darin haben, die Stelle eines ersten Absetzens, die etwa, die in einem Stamm sichtbar bleibt, als seine leidenschaftliche Zusammenfassung vor dem stillen täglichen Aufstieg. Sie begreifen, daß ich damit Gutes und Wichtiges meine; das Beste vielleicht, was man von einem frühen Buche sagen kann.»[51] Stefan Zweig selbst äußerte sich später außerordentlich kritisch über seine Lyrik, sie sei unreif, sentimental, bloßes Kunsthandwerk, aus einer *ehrgeizigen Spielfreude an der Form* entstanden.[52] Noch schonungsloser bekannte er in einem Brief an Hermann Hesse: *Als Lyriker werte ich mich nicht sehr hoch...*[53], und er erklärt auch, worin er die Grenzen seines lyrischen Talents sieht: *...jenes letzte Überfließen fehlt mir: der Rausch. Ein bißchen bleibe ich immer nüchtern.*[54]

Stefan Zweig erkannte bald, daß er das Handwerk des Schriftstellers gründlicher erlernen müßte, wenn er seinen eigenen Stil finden wollte. Richard Dehmel gab ihm den freundschaftlichen Rat, fremdsprachige Literatur zu übersetzen, um seinen Sinn für die Ausdrucksmöglichkeiten der eigenen Sprache zu entwickeln. Dankbar für diese Anregung übertrug er Gedichte von John Keats und William Morris, übersetzte ein Drama von Charles van Lerberghe, einen Roman von Camille Lemonnier und Lyrik von Baudelaire und Verlaine, *pour me faire la main*[55] [um mich zu üben], wie er sagte. Damit führte Zweig eine Arbeit fort, die er mit einer Monographie über Liliens Werk begonnen hatte und die ihn sein Leben lang beschäftigen sollte. Als Freund und Förderer von Literatur und bildender Kunst wollte er Mittler sein zwischen den schöpferischen Menschen Europas.

Schon als Schüler hatte Zweig das Buch eines belgischen Dichters entdeckt, den in Deutschland und Österreich fast niemand kannte: «Les Flamandes» von Émile Verhaeren, in dem er seine flämische Heimat preist. Sofort fühlte er eine Seelenverwandtschaft mit dem Belgier, dessen Vitalität und Lebensbejahung ihn so faszinierten, daß er sich mit großem Eifer an die Übertragung einiger Gedichte machte. In Verhaeren sah er den Walt Whitman Europas, den Dichter, der die Poesie des modernen Le-

Hermann Hesse

bens, die technischen Errungenschaften der Zeit, den wissenschaftlichen Fortschritt Europas, Großstädte, Fabriken, Maschinen besang, und der in den Gestalten des Pioniers, des Künstlers, des Gelehrten, des Abenteurers den Helden des anbrechenden Zeitalters, den Typus des neuen Menschen erkannte. Der Glaube an den freien, vernünftigen, schöpferischen Menschen ersetzte Verhaeren den Glauben an Gott. Seine Wahlsprüche postulierten einen unkritischen Optimismus: «Der Sinn des Lebens liegt im Aufschwung» (‹toute la vie est dans l'essort›), «bewundern heißt erhöhen» (‹admirer c'est grandir›); «bewundert einander» (‹admirez-vous les uns les autres›). Sein grenzenloser Enthusiasmus für die noch unausgeschöpften Möglichkeiten der Moderne spiegelt sich in einem rhythmisch-überquellenden Stil, der bestimmt ist von einer Sturzflut explosiver Bilder, von spontanen Aufschwüngen und überhitzten Gefühlen. In seinen expressiven Gedichten ist viel die Rede von Tränen, Schreien,

Joseph Kainz

wilder Sehnsucht, Fieber, Blut und, nicht zu vergessen, von Brunst und Wollust.[56]

Im Jahre 1902 entschloß sich Zweig zu einer Sommerreise nach Belgien, denn er wünschte sich schon lange, den verehrten Meister persönlich kennenzulernen. Als er jedoch in Brüssel angekommen war, erfuhr er, daß Verhaeren nur selten von seinem kleinen Landhaus in die Stadt komme. In der Zwischenzeit besuchte Zweig die Bildhauer Constantin Meunier und Charles van der Stappen, einen freundlichen, pausbackigen Flamen, der den jungen Deutschen zu sich nach Hause einlud. Gerade als er sich von der gastfreien Familie wieder verabschieden wollte, erklang die Glocke, und ein vierschrötiger Mann trat mit schweren Schritten ins Zimmer, Verhaeren. Der belgische Dichter, ein fröhlicher, bedürfnisloser Mensch, diesen Eindruck machte er auf Zweig, war wie ein Arbeiter gekleidet: Samtanzug ohne Hemdkragen, weite Pluderhose, an den Füßen Holzpantinen, *einem amerikanischen Farmer oder Landarbeiter ähnlicher als einem bürgerlichen Menschen*[57]. Seine Haut war gegerbt, die Stirn hoch, und ein mächtiger *Vercingetorix-Schnurrbart* hing ihm über die schmalen Lippen. *Ich war etwa zwanzig Jahre alt, als ich ihn kennenlernte, und er war der erste große Dichter, den ich menschlich erlebte.*[58] Wie früher Hofmannsthal, zu dem sich aber kein persönliches Verhältnis einstellen wollte, wurde Verhaeren zum großen Leitbild des jungen Zweig. Er verehrte in ihm nicht nur den Dichter, sondern den vollkommenen Menschen, den Meister des Lebens, dessen Liebe zu allem Lebendigen, dessen unaufhörliche Begeisterung ihm tiefen Eindruck

Émile Verhaeren

machten: *Er liebte das Leben, er liebte sich selbst, und es war ihm wohl in seinem eigenen Wesen...*[59] Verhaerens höchstes Lebensziel war individuelle Freiheit; er war ungebunden, weil er wunschlos war. Arbeit betrachtete er als tägliche Notwendigkeit, nicht aus Eitelkeit und Ehrgeiz, sondern weil er im schöpferischen Tun eine Steigerung seiner intellektuellen und seelischen Kräfte erlebte. Zweig faßte den Entschluß, *dem Hymniker Europas* und seinem Werk zu dienen. Zwei Jahre stellte er seine eigene literarische Arbeit zurück und übersetzte die Dichtung Verhaerens. 1910 erschienen im Insel Verlag «Ausgewählte Gedichte», im gleichen Jahr «Die Dramen» Verhaerens zusammen mit einer pathetischen, aber trotzdem nicht unkritischen Monographie *Emile Verhaeren*, und zwei Jahre später wiederum im gleichen Verlag eine Sammlung seiner späten Gedichte unter dem Titel «Hymnen an das Leben». Zweig warb im deutschen Sprachraum für die Werke Verhaerens, die Schauspieler Kainz und Moissi trugen seine Lyrik in Zweigs Übersetzungen vor, und er veranstaltete für den Belgier Dichterlesungen in Hamburg, Berlin und Wien. Hesse, Dehmel und Johannes Schlaf machte er auf den Dichter aufmerksam. *Die große Verhaeren-Ausgabe*, so lesen wir in einem Brief Zweigs an Richard Dehmel, *gibt mir in meinen Augen das Ja zu meiner dichterischen und irdischen Existenz. Ich habe das Gefühl, nicht unnötig gewesen zu sein.*[60]

Im Herbst 1902 kehrte Zweig nach Wien zurück. Bisher hatte er sich wenig um sein Studium gekümmert, denn sein eigentliches Berufsziel stand fest. Trotzdem mußte er nun, wie er es seinen Eltern versprochen hatte, seinen Doktor machen, und so arbeitete er im letzten Jahr angestrengt und konzentriert an seiner Dissertation. Ein Kommilitone, Hans Müller-Einigen, beschrieb den Studenten Zweig in der preziösen Manier der Zeit: «Mattbleich, blauschwarz. Elfenbein und Samt. Keine Balken oder Ecken. Fein. Sehr schmal. Sehr jung. Doch beherrscht. Seiner selbst inne... Über den steilen, stadtblassen, porzellanenen Wangen ein Augenpaar von tiefschwarzem, weichem Tusch.»[61] Der Titel der Doktorarbeit, die er der philosophischen Fakultät der Universität Wien vorlegte, lautete: *Die Philosophie des Hippolyte Taine*. Zweig, dessen Selbstbewußtsein nach eigener Einschätzung auf ziemlich schwachen Beinen stand, war sich selbst und seinen Leistungen gegenüber außerordentlich kritisch. Er war davon überzeugt, daß ihm systematisches Denken nicht liege. Seine Dissertation widerlegt diese Behauptung; sie ist folgerichtig aufgebaut, logisch stringent, referiert die Thesen Taines in angemessener Weise und kommt in der argumentativen Auseinandersetzung zu einem begründeten, selbständigen Urteil.[62] Das Rigorosum wurde ihm von seinen Professoren, die von seinen literarischen Meriten beeindruckt waren, leichtgemacht, sie verzichteten auf tieferdringende Fragen, und so bestand er die Prüfung mit Auszeichnung.

Inzwischen war eine Sammlung von vier Erzählungen erschienen: *Die*

Liebe der Erika Ewald. Obwohl die Charakterstudien – denn um solche handelt es sich – noch etwas vage und umrißhaft bleiben und das eigentlich Erzählerische hinter der Schilderung auffallend zurücktritt, so wird doch schon bei diesen frühen Texten ein Grundzug von Zweigs Erzählkunst deutlich. Sein besonderes Talent zeigt sich in der differenzierten Innenansicht seiner Figuren, in der behutsamen Einfühlung in ihre psychologischen Motive. In einer späteren Novelle *Der Amokläufer* läßt Zweig den Erzähler sagen: *Rätselhafte psychologische Dinge haben über mich eine geradezu beunruhigende Macht, es reizt mich... Zusammenhänge aufzuspüren, und sonderbare Menschen können mich durch ihre bloße Gegenwart zu einer Leidenschaft des Erkennenwollens entzünden...*[63] Dieser Satz könnte als Motto über Stefan Zweigs Dichtungen stehen. In einer merkwürdigen Verbindung von Sympathie und objektiver Distanz versucht er, dem rätselhaften Verhalten seiner Erzählfiguren auf die Spur zu kommen und vorzudringen zu den Wurzeln ihrer Handlungen und ihrer Leiden. Warum sie so sein müssen, wie sie sind, das soll dem Leser verständlich gemacht werden.

Zur Belohnung für den erfolgreichen Abschluß seines Studiums gönnte sich Zweig eine Reise nach Paris. Das war der eigentliche Beginn seiner Wanderjahre, die ihn in der Zeit zwischen 1904 und 1914 – mit Zwischenaufenthalten in Wien – in viele europäische und außereuropäische Länder führten. Er war kein seßhafter Bürger, er war innerlich angespannt und unruhig. Von Zeit zu Zeit verleidete ihm eine seltsame Ungeduld die gewohnte Umgebung, und die Menschen, denen er täglich begegnete, bemerkten an ihm eine Unrast, einen ahasverischen Wandertrieb, dem er immer wieder nachgab. Das fiel ihm um so leichter, weil er als Sohn eines Millionärs und später als glänzend verdienender Schriftsteller zu den «happy few» gehörte, die auf Reisen einen gepflegten Lebensstil kultivieren und die lautlos-aufmerksamen Dienste der internationalen Hotels mit Selbstverständlichkeit in Anspruch nehmen konnten. In vielen Erzählungen hat Zweig diese Welt der Grandhotels mit ihrem kosmopolitischen Publikum anschaulich beschrieben. Auf seinen zahlreichen Reisen suchte der Schriftsteller und leidenschaftliche Globetrotter stoffliche und thematische Anregungen für seine literarische Arbeit. Er liebte es, scheinbar müßig in den Straßencafés zu sitzen oder stundenlang über die Boulevards zu flanieren, um Bürger und Bohemiens, elegante Damen, aber auch die Ausgestoßenen und Asozialen, die Huren und die Diebe zu studieren. So schilderte er einmal in seiner Erzählung *Unvermutete Bekanntschaft mit einem Handwerk* seine Begegnung mit einem Pariser Taschendieb, in dessen Charakter und Schicksal er sich intensiv einfühlte. Den Stimulus des Ortswechsels brauchte Zweig aber nicht nur zur Wiederherstellung seines inneren Gleichgewichts, sondern zur Steigerung seiner Erlebnisfähigkeit, zur seelischen Verjüngung: *... wenn ich auf einer Reise bin, fällt alle Bindung plötzlich ab, ich fühle mich ganz unbeschwerlich,* *zusammenhanglos und frei ... Ganze vergangene Jahre kommen mit einmal zurück; es ist nichts abgetan, alles noch voll Beginn und Verlockung.*[64] Das galt für viele Reiseziele, aber ganz besonders für Paris, denn Paris, so überschrieb er ein Kapitel seiner Erinnerungen, war für ihn *die Stadt der ewigen Jugend*[65]. Dem Dreiundzwanzigjährigen gefiel die weltstädtische Toleranz der Pariser, niemand kümmerte sich dort um exzentrische Lebensgewohnheiten, um Rassen- oder Klassenzugehörigkeit. Der Paris-Reisende ließ sich den Platz Verlaines im Café «Vachette» zeigen, besuchte jede Woche Verhaeren, der damals in Saint-Cloud wohnte, besichtigte das Atelier Renoirs, traf junge französische Dichter und begegnete Rainer Maria Rilke, den er als reinen Lyriker bewunderte, als einen Dichter, der nur seiner Kunst lebte und auch sein Leben zum ästhetisch erhöhten Werk stilisierte. Zwischen den beiden Männern, die miteinander durch die Straßen von Paris schlenderten und meistens über literarische Dinge sprachen, konnte sich aber keine herzliche, freundschaftliche Beziehung entwickeln, denn die Temperamentsunterschiede waren zu groß. Der muntere und gesprächige Zweig und der eher melancholische, in sich ruhende Rilke, der nie seine inneren Gefühle preisgeben wollte oder konnte, blieben einander fremd. Ein großes Erlebnis war für Zweig auch der Besuch im Atelier Rodins. Der berühmte Bildhauer vertiefte sich so vollkommen in seine Arbeit, daß er in seinem Schaffensrausch die Gegenwart seines Besuchers gar nicht mehr wahrnahm.

Im Mai 1906 ging Zweig nach London. Seine Berichte aus England klingen bedeutend reservierter, denn er fand dort wenig gesellschaftlichen Kontakt. Teilweise war seine Isolation auf sein *rostiges* Englisch zurückzuführen, aber auch die Themen, die in der Konversation vorherrschten – Sport und Politik –, schienen den Wiener Ästheten wenig zu interessieren. So arbeitete er meistens für sich in der Bibliothek des Britischen Museums und besichtigte pflichtschuldig alle Sehenswürdigkeiten Londons. Von den englischen Dichtern lernte er Arthur Symons kennen, der ihm eine Einladung zu einer weihevoll-sakral wirkenden Dichterlesung W. B. Yeats vermittelte. Stärker als von den lebenden englischen Dichtern fühlte sich der Schriftsteller von einem seltsamen Magier angezogen, der schon seit fast 80 Jahren tot war, von William Blake, dem Maler, Kupferstecher und Verfasser mystisch-phantastischer, mythologisch-kosmogonischer Dichtung. Durch Vermittlung seines Freundes Archibald G. B. Russell, dessen Monographie über Blake er dann später ins Deutsche übersetzte, gelang es ihm, eine schöne Bleistiftzeichnung des Meisters zu erwerben. Sie stellt Shakespeares King John dar. Die ausdrucksstarken, magisch-visionären Augen dieses Königs blickten mehr als 30 Jahre lang von den Wänden seiner verschiedenen Wohnungen auf Zweig herab: *Von allem Verlorenen und Fernen meiner Habe ist es diese Zeichnung, welche ich auf meiner Wanderschaft am meisten misse.*[66] In diesem Bild glaubte Zweig den *Genius Englands* zu erkennen. Auch in

«King John». Zeichnung von William Blake

seiner neuen Wohnung in Wien, in der Kochgasse 8, die er sich nach der Rückkehr von seiner Auslandsreise eingerichtet hatte, erhielt Blakes Zeichnung einen Ehrenplatz. Zweig betrachtete sich immer noch als Anfänger, als Lernender, der sich noch nicht festlegen wollte und konnte. Deswegen liebte er das Provisorische. Auch die neue Wohnung, die ihm ein unabhängiges Leben ermöglichte, sollte nicht mehr sein als ein Ruhepunkt, eine Zuflucht zwischen seinen großen Reisen. Wie der Schriftsteller damals lebte, berichtete uns sein Freund Felix Braun, der mit ihm zusammen das gleiche Wiener Gymnasium besucht hatte: «Stefan Zweig war... ein junger Herr, der sich eine kleine Wohnung in der Kochgasse mit Geschmack eingerichtet hatte. Ein Diener von höflicher Gemessenheit leitete den Gast in einen Salon mit rotledernen Fauteuils und wenigen Bildern... Aus einer Nebentür trat, beweglich, geschmeidig, lächelnd, der jugendliche Gastgeber ein, und sogleich war das Gespräch, das er führte und beherrschte, von der aufschließendsten Anregsamkeit. Schon damals hatte er Welt.»[67] Begeistert erzählte der Gastgeber von seinen Reisen durch Europa, pries die Werke Verhaerens, den er als *Mund der Zeit* betrachtete, und sprach von den Werken der Weltliteratur,

Eingang Wien VIII, Kochgasse 8, mit Gedenktafel für Stefan Zweig

mit denen er sich gerade beschäftigte. Weltliteratur im Sinn Goethes schwebte ihm als höchstes Ziel literarischer Gestaltung vor. Aber, so fährt Braun in seinem Bericht fort, Zweig sei kein bloßer Literat gewesen, «er liebte das Leben». Frühmorgens pflegte er im Prater auszureiten, er schätzte Geselligkeit, sein Reichtum erlaubte ihm ein angenehmes Leben. Mit seinem Geld sorgte er jedoch auch für andere; er unterstützte Bedürftige großzügig und ohne viel darüber zu reden.[68]

Während dieser Jahre zwar Zweig nie müßig gewesen, er war ein fanatischer Arbeiter und nutzte seine Zeit. Bei der Lektüre der «Ilias» war er einmal auf eine Episode gestoßen, die ihn zu seinem ersten Drama inspirierte. Homer schildert, wie bei der Heeresversammlung der Griechen, die Troja belagern, ein zügellos schreiender Mann auftritt, ein häßlicher, buckliger Kerl, der die Fürsten mit seinen törichten Ausfällen so lange beschimpft, bis sie den Lästigen mit Peitschenhieben zum Schweigen bringen. Diesen verachteten Mann namens Tersites wählte Zweig zur Hauptfigur seines gleichnamigen Dramas. Das in Blankversen geschriebene Schauspiel, konservativ in Stil und Form, ist ein Lesedrama mit einem aufgesetzt wirkenden dramatischen Konflikt, künstlich und wirklichkeitsfern. Aber die wohlgebauten Verse lassen sich gut deklamieren und die Fabel ist mindestens ungewöhnlich. Der von allen gedemütigte Tersites, dessen Seele durch den Schmerz verfeinert wird, zeigt sich seinem Gegenspieler Achill überlegen, weil er bereit ist, sich zur Wahrheit zu bekennen, ohne den drohenden Tod zu fürchten. Achill, der vom Glück Verwöhnte, aber gerade dadurch seelisch Verhärtete, entlarvt sich selbst in seiner barbarischen Inhumanität. Das Drama war im April 1906 vollendet. Einige Kritiker sprachen vorsichtig von einer «Talentprobe», der Lyriker und Dramatiker Franz Theodor Csokor und auch Sigmund Freud fanden lobende Worte.[69] Die Uraufführung sollte im März 1908 am Königlichen Schauspielhaus in Berlin stattfinden. Einer der bedeutendsten Schauspieler Deutschlands, Adalbert Matkowsky, der als Romeo und Hamlet brillierte, war für die Rolle des Achill vorgesehen. Zweig hatte schon den Schlafwagenplatz nach Berlin bestellt, da erhielt er ein Telegramm, das ihm die plötzliche Erkrankung Matkowskys mitteilte. Eine Woche später war der große Schauspieler tot. Die Premiere des *Tersites* fand dann am 26. November desselben Jahres gleichzeitig an den Hoftheatern Kassel und Dresden statt. Die Resonanz bei Publikum und Kritik war nicht ungünstig, aber insgesamt war die Aufführung keineswegs ein rauschender Erfolg. Auch der Direktor des Burgtheaters Paul Schlenther konnte sich zur großen Enttäuschung Zweigs nicht für das Drama erwärmen. Da zeigte sich ein Lichtblick: Joseph Kainz, dessen künstlerische Ausstrahlung und hohe Sprechkultur schon der Schüler außerordentlich bewunderte – oder um in der gelegentlich superlativischen Sprache Zweigs zu reden, den er *wie einen Gott verehrte*[70] –, bat den jungen Dramatiker, er möge ihm einen Einakter für seine geplante Tournee verfassen. So entstand das graziöse, geistreich-beschwingte Spiel aus dem Rokoko *Der verwandelte Komödiant.* Als der Schauspieler nach einigen Wochen von seiner Gastspielreise durch Deutschland zurückgekehrt war, wollte ihn Zweig im Hotel Sacher besuchen. Er erfuhr, daß der Hofschauspieler im Krankenhaus liege. Er mußte sich einer Krebsoperation unterziehen. Nur wenige Wochen später stand Zweig an seinem Sarg. Sein dramatisches Schaffen schien unter einem Fluch zu stehen, er glaubte die Folgen eines *mystischen Bannes*[71] zu fühlen, der noch lange nicht gebrochen schien. Ein dritter Schicksalsschlag bestärkte ihn in seiner abergläubischen Furcht. Der neue Direktor des Burgtheaters, Alfred Berger, hatte sich bereiterklärt, die Regie für die Aufführung von Zweigs Tragödie *Das Haus am Meer* zu übernehmen. Das dramatisch wirkungsvoll gebaute Stück, das durch einige melodramatische Szenen und pointierte

Dialoge das Interesse des Publikums zu fesseln versprach, spielt im amerikanischen Unabhängigkeitskrieg und prangert den Soldatenhandel an. Merkwürdigerweise erlebte auch Berger die Premiere nicht, vierzehn Tage vor dem Beginn der Proben starb auch er ganz unerwartet. 24 Jahre später sollte Alexander Moissi in dem von Zweig ins Deutsche übertragenen Drama Pirandellos «Non si sa come» (Man weiß nicht wie) bei der Wiener Uraufführung die Hauptrolle übernehmen, aber der gespenstische Vorgang wiederholte sich: Moissi erlag einer schweren Grippe, noch ehe die Proben beginnen konnten.

Zwar hatten diese eigenartigen Zufälle verhindert, daß Zweigs Dramen durch die ersten Schauspieler der Zeit gleichsam aufgewertet und international erfolgreich wurden, aber auf die Dauer hätten sie sich wohl auch unter günstigeren Umständen nicht auf der Bühne behaupten können. Zweig war weder ein origineller Lyriker noch ein instinktsicherer Stückeschreiber. Seinen Schauspielen fehlt die dramatische «Präzipitation» (Schiller), das als unausweichlich erfahrene Nach-Vorne-Stürzen der Handlung. Dies gilt auch für seine späteren theatralischen Versuche *Legende eines Lebens* (1919) und *Das Lamm des Armen* (1926), die wie fast alle Stücke des Autors nur eine gewisse Zeitlang Erfolg hatten. Nur eine Komödie, eine witzig-bösartige Farce über die Geldgier eines Betrügers, der von seinem eifrigsten Helfershelfer selbst betrogen wird, war ein sensationeller Erfolg, ging über alle wichtigen Bühnen in der ganzen Welt und hat sich bis heute im Theaterrepertoire gehalten: Zweigs Prosabearbeitung von Ben Jonsons Lustspiel *Volpone*. Ein Vergleich des Originals mit Zweigs Fassung zeigt die zum Teil tiefgreifenden Veränderungen, die er vor allem im dritten Akt vornahm. Sie kamen der psychologischen Plausibilität der Figuren, der Theaterwirksamkeit und Spielbarkeit des alten Stücks zugute.

Daß sein eigentliches Metier die Prosadichtung, genauer gesagt die Erzählung war, schien Zweig selbst zu wissen. Unter dem Titel *Erstes Erleben* hatte er schon 1911 vier Novellen veröffentlicht: *Geschichte in der Dämmerung*, *Die Gouvernante*, *Brennendes Geheimnis* und *Sommernovelette*. Das gemeinsame Thema seines zweiten Novellenbandes ist die lyrisch schweifende Schilderung einer Kindheit auf der Grenze zwischen erotischer Unwissenheit und erster Ahnung vom Geheimnis körperlicher Liebe, zwischen unklarer Sehnsucht und vorwegnehmender Erfüllung im Spiel der Phantasie. Diese *Vier Geschichten aus Kinderland* widmete der Autor der schwedischen Pazifistin, Frauenrechtlerin und Pädagogin Ellen Key, der Verfasserin des berühmten Werkes «Das Jahrhundert des Kindes», die er vor einigen Jahren in Italien kennengelernt hatte.

Eine andere wichtige Bekanntschaft verdankte Zweig seiner regelmäßigen Mitarbeit an Maximilian Hardens «Zukunft». In dieser Zeitschrift waren gescheite und geschliffene Aphorismen erschienen, die von Walther Rathenau stammten. In der «Neuen Freien Presse» vom 18. Sep-

Ben Jonson

Maximilian Harden

Walther Rathenau

tember 1908 publizierte Zweig eine Besprechung, in der er mit *freudigem Gefühl* die Reflexionen Rathenaus begrüßte und sie würdigte als gelungene Umsetzung von *Empirik* in *Psychologie*. Schon ein Jahr zuvor war es in Berlin zu einer persönlichen Begegnung zwischen dem philosophierenden Industriellen und späteren Reichsaußenminister der Weimarer Republik und Zweig gekommen. Diese Bekanntschaft hatte Maximilian Harden vermittelt. In einem langen Gespräch, das von elf Uhr nachts bis zwei Uhr morgens dauerte, riet Rathenau seinem Gast zu einer Reise nach Indien. Die politische Kraft Englands könne man nur ermessen und richtig verstehen, so meinte er, wenn man sich einen Eindruck verschaffe von Großbritanniens außereuropäischen Herrschaftsgebieten.

Stefan Zweigs Entschluß war gefaßt, das Ziel seiner nächsten Reise sollte Indien sein. Er besuchte Ceylon, Madras, Kalkutta, Rangun, erlebte in Benares schaudernd die Verbrennung der Leichen am Ufer des heiligen Stromes und entsetzte sich über die Gleichgültigkeit der Inder gegenüber einem sterbenden alten Mann, der mitten zwischen den Geschäftigen und Frommen lag: *... hier lassen sie ihn, den Menschen, rö-*

cheln und einsam verrecken.[72] Dem Reisenden gelang es nicht, das Gefühl der Fremdheit gegenüber der indischen Kultur zu überwinden, er hatte kein Verständnis für die finsteren Symbole ihrer *ungeheuren Gläubigkeit*[73], die ihm in Gwalior begegneten. Die Armut der Massen, Rassendiskriminierung, die verheerenden Auswirkungen des englischen Imperialismus auf das Selbstwertgefühl der Völker Indiens, all diese deprimierenden Erlebnisse begannen ihm den Aufenthalt in Indien und Ceylon zu verleiden. Neben einigen journalistischen Arbeiten schlugen sich die Erfahrungen dieser Reise nur in einer einzigen größeren Erzählung nieder. Der Schauplatz der Legende *Die Augen des ewigen Bruders* ist Indien, die Personen sind Inder, ein Zitat aus der «Bhagavadgita» ist der Prosadichtung vorangestellt.

Diese wenig bekannte Legende ist deshalb wichtig, weil sie einen Zugang eröffnet zu Zweigs Auffassung von der Bedeutung der Tat und ihrer Folgen. Die Erzählung ist eine Rechtfertigung seiner apolitischen Haltung und zugleich ein Bekenntnis zum Pazifismus. Virata, die Hauptfigur, unterstützt König Rajputas im Kampf gegen die Aufständischen und erschlägt dabei seinen eigenen Bruder. Nun wendet er sich gegen jede Form von Gewalt, denn er hat erkannt, daß derjenige, der einen Menschen umbringt, seinen Bruder tötet. Der König gibt ihm ein anderes Amt, er ernennt ihn zum obersten Richter. Virata, der die Todesstrafe ablehnt, geht an Stelle eines Verurteilten, den er nur mild bestrafen wollte, einen Monat lang ins Gefängnis, um dem Wesen der Gerechtigkeit auf den Grund zu kommen. Er erfährt, daß Unrecht tut, wer sich anmaßt, Recht zu sprechen. Jetzt zieht er sich von der Welt zurück und wird Einsiedler. Aber da ihm andere nachfolgen und ihre Familien im Elend zurücklassen, lädt er neue Schuld auf sich. Im Tun und im Leiden, in der Aktivität und in der Passivität läßt die Gottheit den Menschen schuldig werden. Erst als verachteter, einsamer Hüter der königlichen Hunde kann er sich schuldlos fühlen. Virata hat sich auf sich selbst zurückgezogen; in den Wirren der Zeit bleibt nur ein verläßlicher Anker: das Individuum und seine geistige Welt.

Im Frühjahr 1911 reiste Zweig zum erstenmal in die Neue Welt. New York war damals noch nicht die glitzernde Stadt, durch die endlose Verkehrsströme brausen; auch die gigantischen Hochhäuser befanden sich noch im Bau. Aber das rapide Wachstum der amerikanischen Metropole, ihr Lebensrhythmus, ihre enorme Vitalität faszinierten den Reisenden: *Hier wird die menschliche Masse Naturgewalt...*[74] New York zog ihn an und stieß ihn gleichzeitig ab. Die Unvoreingenommenheit und Toleranz der Amerikaner bewunderte er, aber er fühlte sich als Europäer einsam und ausgeschlossen. Er erkannte, daß er als bloßer Beobachter den richtigen Zugang zur Stadt und ihren Menschen niemals finden könne. So reihte er sich ein in die Schlange der Arbeitssuchenden vor den Stellenvermittlungsbüros und bewarb sich um einen Job wie ein richtiger Aus-

Auf der Reise . . .

wanderer. Es erfüllte ihn mit kindlichem Stolz, daß er am Ende nicht weniger als fünf (theoretische) Angebote für eine Arbeitsstelle hatte. Dann reiste er weiter nach Philadelphia, Boston, Baltimore und Chicago. Ein kleines Schiff brachte ihn über Bermuda und Haiti nach Panama. Von einem Hügel der Panama-Enge – damals war der Kanalbau noch nicht vollendet – konnte er mit einem Blick zwei Meere umfassen, den Pazifik und den Atlantik. Er wanderte im Kanalbett hin und her und erlebte ein Stück *irdischer Schöpfungsgeschichte*[75]. In seinen griffig formulierten und sorgfältig recherchierten Berichten, die er für die «Neue Freie Presse» schrieb, pries er die großartigen Leistungen der Arbeiter und Ingenieure, die sinnreich erfundenen Maschinen und empfand *stärker als je in Europa die triumphierende Gewalt der geistigen Kultur*[76], den Sieg des Menschen über die feindliche Natur, den er als *heroisch* bezeichnet. Frühere Generationen mußten an dieser Aufgabe scheitern, erst die neue Zeit mit ihren kulturellen und wissenschaftlich-technischen Voraussetzungen konnte die Herrschaft über die wilde und todbringende Natur erringen. Im Vorwort zu seiner Dissertation hatte Zweig die innere Sterilität der Zeit, die Abwesenheit des Schöpferischen und das Fehlen der *Heroen* beklagt: *Napoleon, Goethe, Beethoven und Byron sind gestorben.*[77] Jetzt, in den Jahren kurz vor dem Ausbruch des Ersten Weltkriegs, erlebte er den Beginn einer neuen, vielversprechenden Zeit. Die modernen Leistungen und Errungenschaften, die technischen Erfindungen, Flugzeuge, Zeppeline, Automobile, Ozeandampfer, Telefon, Telegraf, Überseekabel, gaben Anlaß zu Optimismus und Stolz. Die neue Generation lebte seit 40 Jahren im Frieden. Kriege erschienen als etwas Atavistisches, als längst überwundene Barbarei aus grauer Vorzeit. Künste und Wissenschaften beschäftigten die Phantasie der Zeitgenossen, die Welt war schöner, freier, jugendlicher geworden. Zweigs humaner Optimismus, der im 8. Kapitel seiner Autobiographie *Glanz und Schatten über Europa* so eindringlich zum Ausdruck kommt, erinnert an Schillers Ideal-

... durch Indien

vorstellung vom edlen, stolzen Menschen mit seinem «Palmenzweige», der das neue Jahrhundert hoffnungsfroh begrüßt («Die Künstler», 1789). Wie die Aufklärer des 18. Jahrhunderts glaubte er zu jener Zeit an die alles bezwingende Kraft der Vernunft. Wenn Talleyrand einmal sagte, nur wer vor der Französischen Revolution gelebt habe, wisse, was Leben sei, so könnte dieses Wort nach Meinung der Zeitgenossen abgewandelt und bezogen werden auf die Zeit vor 1914. Es waren erfüllte und glanzvolle Jahre. Ein europäisches Gemeinschaftsgefühl begann sich zu entwickeln, getragen von einer grenzüberschreitenden Kultur und geformt von Persönlichkeiten, deren Namen in vielen Ländern einen guten Klang gewannen. Stefan Zweig stand im ständigen Kontakt mit Émile Verhaeren, dessen Weltanschauung und dessen Stilideal sein eigenes Denken und seine literarische Arbeit nachhaltig beeinflußten. Mit Romain Rolland, dem Verfasser des Romans «Jean Christophe», traf er sich in Rollands bescheidener Wohnung am Boulevard Montparnasse in Paris. «Jean Christophe» war für Zweig der erste bewußt europäische Roman. Menschen aus verschiedenen europäischen Nationen werden in diesem Werk in ihrer Eigenart verständnisvoll gewürdigt. Im Verlauf der Handlung verbinden sie sich zu einer brüderlichen Gemeinschaft, die als Sinnbild europäischer Solidarität zu verstehen ist. Nach Zweigs Überzeugung war «Jean Christophe» *der erste entscheidende Appell zur Verbrüderung*[78] der europäischen Völker. Sigmund Freud erhielt fast jedes neue Buch Zweigs zur Beurteilung zugesandt, und mit einem anderen europäisch denkenden Schriftsteller, Maxim Gorki, schloß er einige Jahre später in Moskau Freundschaft.

Der schöpferische Mensch war Zweigs höchste Idee vom Menschen überhaupt. Ausdrücklich bezog er auch Pioniere und Entdecker (Magellan), Techniker und Wissenschaftler (Amerigo) in seine Vorstellung ein. Alle diese Menschen sind schöpferisch und *heroisch*, sofern sie sinnvolle Opfer für den Fortschritt der menschlichen Gesellschaft bringen. Aber es gibt noch eine höhere Stufe des Menschentums. Wie für die Romantiker ist auch für Zweig der Künstler der eigentliche Mensch. Der Vorgang des Schöpferischen ist zwar immer mit der Idee des Göttlichen verknüpft. Aber am *heiligsten ist unser Staunen* über das Werk, das die Zeit überdauert, das Kunstwerk.[79] Die Künstler haben einen religiösen Auftrag. Zweig spricht von Rollands *Apostolat*[80] und behauptet einmal, von Verhaerens dichterischer Stimme gehe eine *geradezu religiöse Gewalt* aus.[81] Unter den Künstlern ist der Dichter der geistige Führer, der sittliche *Sprecher seiner Nation und aller Nationen*[82]. In der Gemeinschaft der führenden Köpfe konstituiert sich die Herrschaft des europäischen Geistes. Diese Vorstellung nimmt Klopstocks Idee von der deutschen «Gelehrtenrepublik» wieder auf und erweitert sie zur Idee einer übernationalen europäischen Vereinigung bedeutender Persönlichkeiten, die der Entwicklung und zukünftigen Vervollkommnung des Menschen dient.

Romain Rolland

Im Grunde genommen nimmt Zweigs optimistischer Glaube an die Selbstherrlichkeit des autonomen Menschen Bezug auf eine ganz bestimmte Schicht der Gesellschaft. Sein Glaube an die Vervollkommnung des Menschen ist verschmolzen mit dem Glauben an den dauernden Bestand, an die unbestreitbaren Rechte und an die unaufhaltsamen Fortschritte der bürgerlichen Bildungsschicht, Fortschritte, die nach seiner Ansicht der ganzen Gesellschaft zugute kommen. Von diesem eingeschränkten Standpunkt aus beurteilte er die Fragen der Zeit. Sein bürgerlicher Humanismus war vordemokratisch und unpolitisch. Sein leidenschaftlicher Glaube an den Menschen und seine noch unausgeschöpften Möglichkeiten gipfelten in einer hochgespannten, chiliastischen Vision vom idealen Ziel der menschlichen Entwicklung: *Die Götter werden zu Menschen werden, das äußere Schicksal wird zurückkehren in ihre Brust, die Heiligen werden nur mehr ihre Brüder sein, und das Paradies die Erde selbst.*[83]

Nach Abschluß seiner Reise kehrte Zweig 1912 nach Wien zurück. Eines Tages machte er dort die Bekanntschaft einer ungewöhnlichen Frau. Friderike Maria von Winternitz war seit einigen Jahren mit einem vergnügungssüchtigen und verschwenderischen Mann verheiratet, der für ihre Interessen, Sprachen und Literatur, wenig Verständnis auf-

Friderike Maria von Winternitz, um 1912

brachte. Sie hatte zwei kleine Töchter, Alix Elisabeth und Susanne Benedictine. Friderike stammte aus einer jüdischen Familie, die zum Katholizismus konvertiert war. Die energische, kluge Frau, die sich schon mit einigem Erfolg als Schriftstellerin versucht hatte, vermißte in ihrer Ehe geistige Anregungen und strebte nach innerer und äußerer Unabhängigkeit. Schon einmal vor Jahren hatte sie bei einem Abschiedsabend für den Schauspieler Alexander Girardi in Rodaun Stefan Zweig gesehen, allerdings nur aus der Ferne. Im Sommer 1912 traf sie ihn zufällig wieder im Garten des Restaurants «Riedhof». In ihrem Erinnerungsbuch schildert sie diese zweite Begegnung und den Eindruck, den der damals dreiunddreißigjährige Zweig auf sie machte: «Das war kein blutjunger Bohemien mehr, sondern ein gepflegter, gut aussehender Mann – gewohnt, wie es schien, einer Frau mit einem Blick zu sagen, was Worte überflüssig machte. Nichts von Melancholie... Das war nicht mehr der Dichter des *Tersites*, sondern der heitere des *Verwandelten Komödianten...*»[84] Da sich die Gelegenheit zu einem persönlichen Gespräch nicht ergab, beschloß Friderike, die Initiative zu ergreifen. Sie schrieb ihm zuerst einen (anonymen) Brief, dann telefonierten sie miteinander. Im September machte Zweig Frau von Winternitz einen Besuch in Döbling und brachte ihr ein ihr gewidmetes Exemplar von *Erstes Erlebnis* mit. Zu dieser Zeit vertraute er seinem Tagebuch an: *Montag 24* (= 23.) *Sept.* (1912). *Nachmittags bei Frau von Wi... ein gutes Gespräch mit einer wahrhaft sensiblen Frau, die wohl das Zarteste ist was man sich denken kann aber mit einer Energie der seelischen Aufrichtigkeit, die sie groß macht.*[85] Sie erschien ihm hilflos, scheu, fragil, ein Eindruck, der sich später als falsch erweisen sollte. *Ich wage mich gar nicht erotisch heran...* Die persönliche Zuneigung, die sich immer mehr festigte, führte zu vielen Begegnungen und gemeinsamen Unternehmungen und schließlich zu einer festen Bindung. Die Ehe Friderikes wurde geschieden, aber eine Wiederverheiratung der Katholikin war damals nach österreichischem Recht nicht möglich. Manchmal nannte Zweig seine Freundin zärtlich *Oberhaserl*, ein sehr sinniger Kosename, denn Friderike konnte es auf die Dauer nicht entgehen, daß sich Stefan, der ein ausgesprochener «homme à femmes» war, auf seinen verschiedenen Reisen immer wieder zahlreicher «Unterhaserl» erfreute. Einmal sprach er auf einer Redoute eine Dame an, und ehe sie recht wußte, wie ihr geschah, erwachte sie um vier Uhr morgens bei ihm im Bett. *Wie sie mich anstarrt als ob es nicht wahr wäre, dieses Aufwachen einer Frau bei einem Menschen, den sie gar nicht anders als körperlich kennt...* notierte er in seinem Tagebuch.[86] Ein andermal lud er zwei Freundinnen zu sich in die Wohnung, um sich an ihren schönen Körpern zu erfreuen und seine innere Unruhe loszuwerden.[87] In Paris lebte er mit einer gewissen Marcelle längere Zeit zusammen und im Vorgefühl des zu erwartenden Vergnügens schrieb er: *Die Nacht wird stürmisch und schön.*[88]

Wie so oft in den vergangenen Jahren reiste Zweig auch im Juli 1914 nach Belgien, um bei Verhaeren die Sommermonate zu verbringen. Nach einem gemeinsamen Aufenthalt in Brüssel wollte er dann noch einige Ferientage in Ostende mit belgischen Freunden genießen. Eines Tages wurden sie durch ungewohnte Geräusche aus ihrer behaglichen Ruhe aufgeschreckt, man hörte Trommelwirbel und den Marschtritt der Soldaten, die an ihnen vorüberzogen. Einer merkwürdigen Praxis der belgischen Armee entsprechend beförderten Hunde Maschinengewehre auf kleinen Karren. Es war kein Irrtum mehr möglich, Belgien machte mobil. Aufge-

Stefan Zweig, 1912

regt erklärte man ihm, das Gerücht halte sich hartnäckig, daß der Einmarsch der Deutschen in ihr neutrales Land unmittelbar bevorstehe. Zweig hielt dies für ganz und gar absurd: *Ihr könnt mich an diesem Laternenpfahl hängen, wenn Deutschland jemals in Belgien einmarschiert.*[89] Trotz dieses wahrhaft selbstlosen Angebots nahm die Entwicklung ihren Lauf, das Verhängnis war nicht aufzuhalten, die Zeitungsnachrichten klangen immer bedrohlicher. Mit knapper Not erreichte Zweig den letzten Zug, der von Ostende nach Deutschland fuhr. Überall aufgeregte Menschen auf den Bahnsteigen, wilde Gerüchte kursierten und rätselhafte Vorgänge beschäftigten die Phantasie. Als der Zug auf freier Strecke hielt, donnerten hochbeladene Güterzüge an ihnen vorbei in Richtung Belgien. Unter Segeltüchern zeichneten sich die Umrisse von Kanonenrohren ab. Jetzt war allen klar, der völkerrechtswidrige Überfall des deutschen Reiches auf Belgien hatte begonnen. Der ideale Mensch des neuen Zeitalters hatte seinen Palmenzweig aus der Hand gelegt und zu den Waffen gegriffen.

In Wien erlebte Zweig den Begeisterungstaumel der Menschen, ihren Jubel über die Kriegserklärung aus nächster Nähe mit. Die Massen strömten aus ihren Wohnungen, formierten sich spontan zu langen, singenden Kolonnen, schwenkten in patriotischer Ekstase ihre Fahnen, kurz *man jauchzte und jubelte, ohne recht zu wissen, warum*[90]. Die jungen Männer drängten sich vor den Musterungsbüros, um sich freiwillig zu melden. Sie waren erfüllt von der Sorge, sie könnten das herzerhebende Kriegsabenteuer womöglich versäumen, wenn sie zu spät ins Feld kämen. Die Menschen in allen kriegführenden Ländern waren im Vertrauen auf ihre jeweiligen Regierungen fest davon überzeugt, daß sie in Notwehr handelten und einer gerechten Sache dienten, indem sie ihr Land gegen räuberische Feinde mit der Waffe in der Hand verteidigten. Auch viele Intellektuelle und Künstler begrüßten das bevorstehende «Völkerringen» als reinigendes «Stahlbad», als lang ersehnte Möglichkeit, auszubrechen aus kleinlichem Egoismus und privaten Schwierigkeiten, um eine neue soziale Sinngebung zu finden. Der Lyriker Georg Trakl hoffte zur Ruhe zu kommen im Schlachtenlärm: «Es lebe der Krieg!»[91], und auch der sanfte Franz Kafka in Prag, der mit dem Gedanken spielte, sich freiwillig zu melden, hatte sich schon vorsorglich schwere Militärstiefel gekauft und schaute voller Neid auf die abrückenden Soldaten, denen es vergönnt war, in den Krieg zu ziehen.[92]

Büste von Gustinus Ambrosi, 1913

«In der Mitte zwischen den Schützengräben»

Der allgemeinen Kriegshysterie zum Trotz behielt der Weltbürger und überzeugte Europäer Stefan Zweig einen kühlen Kopf. Er war in dieser Stunde einer der wenigen vernünftigen und kritischen Intellektuellen, die sich vom kollektiven Siegesrausch entschieden distanzierten, wenn es ihn auch eine gewisse Anstrengung kostete, sich gegen die Verführungen des ausbrechenden Massenwahns zur Wehr zu setzen. So etwa hat er in seinem Erinnerungsbuch seine Haltung beim Ausbruch des Weltkriegs stilisiert. In Wirklichkeit sprechen einige Zeugnisse aus dieser Zeit eine ganz andere Sprache. Am 5. August 1914 erschien in der «Neuen Freien Presse» unter dem Titel *Ein Wort von Deutschland* eine Glosse Zweigs, die ganz die offizielle patriotische Sicht der Dinge vertrat. Er preist die *Schwertbrüderschaft* zwischen Deutschland und Österreich, versteht vollkommen, daß Deutschland jetzt *mit beiden Fäusten* zuschlagen und jeden Muskel *seiner herrlichen Volkskraft* anspannen müsse, um der drohenden Umklammerung durch die Feinde zu entgehen.[93] In seinem Tagebuch jubelt er über den Fall von Lüttich[94], fühlt sich in die heldenhaften Zeiten Napoleons versetzt und schämt sich sogar dafür, daß zur Zeit die Deutschen und nicht seine Landsleute die glänzenden Siege erringen.[95] Am liebsten würde er wie der Verleger Kippenberg, den er deswegen beneidet, als Offizier in Frankreich siegen, ... *gerade in Frankreich, das man züchtigt, weil man es liebt*[96]. In einem Offenen Brief *An die Freunde im Fremdland*, der im «Berliner Tageblatt» veröffentlicht wird, nimmt er Abschied von seinen Freunden in Belgien, Frankreich und England und erinnert sie noch einmal an gemeinsam verbrachte Stunden und an das Erlebnis der Brüderlichkeit, das stärker war als alle Grenzen. Aber dann fährt er fort: *Das ist nun vorbei, ihr Lieben, vorbei, so lange Brüder meiner Sprache und der euren in Waffen sind und es jene Gemeinsamkeiten gilt, deren Gewalt erst die Gefahr uns offenbart... ich bin in diesen Tagen nicht der Gleiche, der mit euch saß, mein Wesen ist gleichsam umgewandt und das, was in mir deutsch ist, überflutet mein ganzes Empfinden... ich finde den Willen nicht mehr, gerecht zu sein. Heute ist das Maß verwandelt und jeder Mensch nur wahr durch Gemeinsamkeit mit seiner Nation.*[97] Mit anderen Worten: auch für den Kosmopoliten Zweig stand in diesen Kriegstagen die Idee des Vaterlandes höher als die Liebe zu Europa und die

Gemeinschaft der europäischen Freunde. Er ist davon überzeugt, daß die abgerissenen persönlichen Beziehungen erst nach dem Krieg wiederaufgenommen werden können. Noch im gleichen Monat antwortet Romain Rolland auf diesen Offenen Brief nicht ohne Bitterkeit: «Ich bin unserem Europa treuer als Sie, lieber Stefan Zweig, und ich sage keinem meiner Freunde Adieu.»[98]

Inzwischen hatte Zweig einen Weg gefunden, wie er seiner militärischen Dienstpflicht nachkommen konnte, ohne sich den Gefahren und Strapazen des Frontdienstes aussetzen zu müssen. Eigentlich hätte er am liebsten in einem Spital gearbeitet, aber als sich dieser Plan zerschlug, war er froh, daß er durch die Vermittlung eines höheren Offiziers, der zu seinen guten Bekannten gehörte, eine Aufgabe im Wiener Kriegsarchiv erhielt. Dort traf er eine ganze Reihe alter Freunde wieder, die Literaten Franz Karl Ginzkey, Franz Theodor Csokor, Paul Stefan, Alfred Polgar, Albert Ehrenstein, Siegfried Trebitsch. Später stieß auch noch Rilke zur sogenannten «literarischen Gruppe» im Kriegspressequartier. Der innerlich verstörte Lyriker in seiner schlechtsitzenden Uniform wirkte wie ein ungeschickt verkleideter Zivilist und mit düsterer Miene verwaltete er die ihm anvertraute Kartei. Die Hauptaufgabe der Schriftsteller bestand in der Herausgabe zweier patriotischer Zeitschriften «Österreich-Ungarn in Waffen» – ein Witzbold hatte angeregt, das «a» in «Ungarn» durch ein «e» zu ersetzen –, und «Donauland». Außerdem mußten Berichte von irgendwelchen militärischen Aktionen zu vorbildlichen österreichischen Heldentaten hochstilisiert werden. Zweig hatte einen Sechs-Stunden-Tag und konnte neben seinem Dienst noch literarisch tätig sein. Am 1. Juli 1915 wurde der «Einjahresfreiwillige Dr. Stefan Zweig» zum «Titularfeldwebel» befördert und wenig später mit einem Sonderauftrag betraut. Er erhielt den Befehl, nach Galizien zu reisen, um sich über die Verhältnisse in diesem österreichischen Kronland aus erster Hand zu informieren. Galizien war von den Russen besetzt gewesen und erst kürzlich durch eine erfolgreiche Gegenoffensive der Mittelmächte wieder befreit worden. Als er mit dem Zug durch das Land fuhr, war Zweig bestürzt über die Verheerungen und Zerstörungen, die der Krieg in dieser Provinz hinterlassen hatte, überall Granattrichter, Grabenlinien, Holzkreuze; verängstigte Menschen suchten in Kellerlöchern Schutz, ihre Dörfer lagen in Schutt und Asche. Mit einem Lazarettzug konnte er von Grodek nach Stry fahren. Auf dem Bahnsteig traf er einen jungen, nierenkranken Lehrer aus Budapest, der nicht wußte, wie er seine Heimat erreichen sollte. Obwohl die Mitfahrt unbefugter Personen streng verboten war, sorgte der Feldwebel Zweig dafür, daß der Kranke im Lazarettzug mitfahren konnte. Er kümmerte sich um ihn und verschaffte ihm etwas zu essen. Im Zugabteil lagen acht schwerverwundete Ungarn, die von den verlustreichen Kämpfen in den Karpaten erzählten. Dicht neben ihnen waren Soldaten mit zerschossenen Gliedern auf primitive Bahren oder auf Stroh

Feldlazarett im Ersten Weltkrieg

gebettet. Mit Messern hatte man ihnen die Stiefel von den Füßen schneiden müssen. Schaudernd sah Zweig ihre schrecklichen Wunden. Ein anderer Schwerverwundeter mit einem Blasenschuß war schon ganz weiß im Gesicht, er stöhnte im Todeskampf. An der nächsten Station sollte er ausgeladen werden. Ein apathisch wirkender Assistenzarzt, der in Wirklichkeit nur Zahnarzt in einer ungarischen Kleinstadt gewesen war, nahm Zweig mit zur Visite. Mit Erschütterung, *mit schmerzhaften Mitgefühlen*[99] blickte er auf die Leidenden, von denen viele schon todgeweiht waren. Es fehlte an Verbandszeug und Morphium. Selbst der alte Priester konnte das Sterbesakrament nicht mehr spenden, weil es ihm an Öl für die letzte Ölung fehlte. Das zornige Wort, das der alte Mann sprach, konnte Zweig nie mehr vergessen: *«Ich bin siebenundsechzig Jahre alt»*, sagte der Priester, *«und habe viel gesehen. Aber ich habe ein solches Verbrechen der Menschheit nicht für möglich gehalten.»* Zweig versuchte zu helfen, so gut er konnte. Er holte an den Bahnstationen Wasser für die Kranken und wischte das niedertropfende Blut vom Boden auf, aber im Grunde waren alle Helfer ohnmächtig gegenüber dem ungeheuren Elend.

Diese Tage im kriegszerstörten Galizien waren traumatische Erfahrungen für ihn. Das entsetzliche Leiden der Menschen im Lazarettzug führte ihm die Sinnlosigkeit des Krieges und die verbrecherische Skrupellosigkeit der Verantwortlichen unmißverständlich vor Augen. Trotz seiner offiziellen patriotischen Äußerungen waren Zweig schon vorher Zweifel am Sinn kriegerischer Auseinandersetzungen gekommen. Interessant sind in diesem Zusammenhang einige Tagebucheinträge vom Frühjahr 1915. Sie verraten, wie erstaunlich klar und illusionslos der «unpolitische» Zweig schon damals die politische Lage Deutschlands beurteilte. Er haßte den Krieg, glaubte nicht an den Sieg der Mittelmächte, beklagte die Unfreiheit in Österreich, kritisierte die *dummen Diplomaten*, die Europa zerstörten, die Uneinsichtigkeit der monarchischen Kreise und vor allem die verbohrten deutschen Politiker, die jede Gebietsabtretung strikt ablehnten: *... sie sind heute noch immer die dem Frieden am Feindlichsten, denn nach der Räumung Belgiens wäre Alles zu ordnen.*[100] Um so schwerer zu verstehen ist es, daß Zweig nach der Rückkehr von seiner Reise nach Galizien einen Artikel schrieb, der weiter die offizielle Propagandalinie vertrat. Am 31. August 1915 erschien sein Artikel *Galiziens Genesung* in der «Neuen Freien Presse». Der Verfasser lobte die Kräfte der Wiedergesundung und behauptete, die ungebrochene Vitalität des Landes zeige sich in der Kunst der Improvisation, zerbrochene Waffen würden von den Menschen als Werkzeuge wiederverwendet. Im Rückblick wurde sogar der grauenhafte Lazarettzug zum Ort medizinischer Heilung.[101]

Trotz dieser konformistischen Stellungnahme in der Öffentlichkeit verrät eine Erzählung, die erst einige Jahre später erscheinen konnte, daß das Erlebnis seiner eigenen Hilflosigkeit angesichts der leidenden Menschen im Lazarettzug bei Zweig zu einem Prozeß des Umdenkens geführt hatte. Die Erfahrungen in Galizien bestätigten ihn in seiner Ablehnung des Kriegs und leiteten seine Hinwendung zu einem konsequenten Pazifismus ein. Diese Erzählung trägt den Titel *Der Zwang*. Deutlicher als in allen seinen Erzählfiguren hat sich Zweig in der Hauptgestalt, einem Maler namens Ferdinand, selbst dargestellt. Ferdinands Frau, Paula, ist ein Spiegelbild Friderikes. Deshalb war es auch nur konsequent, daß die ausdrucksstarken, raffiniert vereinfachten Holzschnitte von der Hand Frans Masereels, die den kleinen Band illustrieren, dem Betrachter die Porträts von Stefan und Friderike vor Augen stellen.

Ferdinand kam aus dem *Kriegsland* in die Schweiz und genießt dort seine neuentdeckte Freiheit. Aber eines Tages händigt ihm der Briefträger im Auftrag der österreichischen Behörden den Stellungsbefehl aus. Paula, eine vernünftige und unabhängige Frau, bittet ihn dringend, der militärischen Einberufung nicht Folge zu leisten, denn sonst bleibe ihm keine andere Wahl, als sich gegen seine Überzeugung am Wahnsinn des Massenmords zu beteiligen. Aber Ferdinand, der – wie auch Zweig von sich selbst sagte – kein Held ist, wagt es nicht, sich dem Befehl zu widersetzen, und er fährt zum österreichischen Konsulat. Zwar will er dem zuständigen Beamten erklären, warum er der amtlichen Aufforderung im Augenblick noch nicht nachkommen könne, doch er versagt; es gelingt ihm nicht, seine Argumente vorzubringen. Er beugt sich der Macht, ob-

«Der Zwang». Holzschnitt von Frans Masereel

wohl er sich seiner Schwäche schämt. Nur Paula bleibt unbeirrt bei ihrer Überzeugung: *«Ich oder sie!»* fordert sie. *«Ein drittes gibt es nicht!»*[102] Ferdinand hört nicht auf seine Frau und eilt zum Bahnhof, denn er fühlt sich verpflichtet, seinem Vaterland zu dienen. Vergeblich stellt sich ihm dort Paula in den Weg. Ohne Gepäck springt Ferdinand auf den einfahrenden Zug nach Deutschland. An der Grenze aber wartet ein Lazarettzug mit schwerverletzten französischen Soldaten. Jetzt erst, beim Anblick der Leidenden und Sterbenden, erlebt Ferdinand, ähnlich wie Zweig in Galizien, einen blitzartigen Bewußtseinswandel. In diesem Augenblick erkennt er, daß jeder Krieg nichts anderes ist als ein Verbrechen gegen Humanität und Menschenwürde. Er zerreißt den Stellungsbefehl und kehrt zu seiner Frau zurück.

Spätestens seit dem Jahr 1915 wußte Zweig, daß er seiner inneren Überzeugung folgen mußte, und er fühlte sich jetzt verpflichtet, mit der Waffe, die ihm zur Verfügung stand, mit dem Wort, gegen das Völkermorden zu kämpfen und die Sache der Verständigung, der Friedensbereitschaft, der Versöhnung zu seiner eigenen zu machen. Auf Vorschlag Romain Rollands ließ er sich für eine Mitarbeit an der von Charles Baudouin herausgegebenen pazifistischen Zeitschrift «Le Carmel» gewinnen. In der Ausgabe vom Frühjahr 1916 erschien Zweigs Prosastück *Der Turm zu Babel*, das in gewisser Weise seinen Offenen Brief *An die Freunde im Fremdland* widerrief.

«Der Turm zu Babel». Holzschnitt von Frans Masereel

STEFAN ZWEIG

JEREMIAS

EINE DRAMATISCHE DICHTUNG
IN NEUN BILDERN

INSEL-VERLAG ZU LEIPZIG 1917

Den alten Mythos hat Zweig umgedeutet. Der Turm, der bei ihm aus feinstem Stoff, aus Geist, Seele und Erfahrung gebaut ist, symbolisiert nicht länger die hybride Auflehnung der Menschen gegen ihren Schöpfer. Er wird zum Zeichen friedlicher Zusammenarbeit, in die die Vertreter aller europäischer Nationen einbezogen werden. Aber ein grausamer Gott, der die Macht der vereinten Menschheit fürchtet, sät Zwietracht unter die Menschen. Ein großer Krieg bricht aus, und mit unverminderter Heftigkeit kämpfen die Menschen gegeneinander bis zum heutigen Tag. Aber noch ist nicht alle Hoffnung verloren, wenn sie wieder zur Besinnung kommen. Was den Zerstrittenen und Verfeindeten zu tun bleibt, hat der Autor am Schluß seiner Parabel so formuliert: ... *wenn wir nur schaffen, jeder an seiner Stelle, mit der alten Glut, so wird der Turm wieder aufsteigen, und auf den Höhen werden sich die Nationen wiederfinden.*[103]

Vom Frühling bis zum Herbst des Jahres 1916 lebten Stefan und Friderike in zwei nebeneinanderliegenden Rokokopavillons in Kalksburg bei

Rodaun. Von dort aus konnte Zweig sein Büro im Kriegsarchiv ohne Schwierigkeiten erreichen. Nach den Dienststunden schrieb er in Kalksburg an seinem Drama *Jeremias*, das zu Ostern 1917 im Insel Verlag erscheinen konnte. Es war das erste Werk, *das ich von meinen Büchern vor mir selbst gelten ließ*[104]. Der Prophet des Alten Testaments warnt Zedekia, den König der Juden, vor dem geplanten Krieg gegen Nebukadnezar, denn Gott habe ihm, Jeremias, den Untergang Jerusalems verkündigt. Doch die Israeliten, die sich stark fühlen im Bund mit den Ägyptern, geraten in einen Taumel der Kriegsbegeisterung und fordern den Kampf gegen die Chaldäer. Trotz der eindringlichen Warnungen des Propheten beugt sich Zedekia dem Druck des kriegslüsternen Volkes. Der unbequeme Warner wird ins Gefängnis geworfen. Der Krieg geht verloren, die Soldaten Nebukadnezars erobern Jerusalem; sie ermorden Zedekias Söhne, er selbst wird geblendet. In dieser äußersten Not erweist sich Jeremias, den alle in Zeiten vermeintlicher Stärke verachtet hatten, als Helfer und Retter, als moralische Autorität. Er tröstet den unglücklichen König und die Überlebenden seines Volkes, die Jerusalem verlassen und in die Fremde ziehen müssen. Die Niederlage weckt die seelische Kraft der Besiegten; das historische Jerusalem ist verloren, aber das geistige Jerusalem zieht mit ihnen und begleitet sie in die Diaspora. Auch dort werden sie niemals verloren sein, denn: *Man kann das Unsichtbare nicht besiegen! Man kann Menschen töten, aber nicht den Gott, der in ihnen lebt. Man kann ein Volk bezwingen, doch nie seinen Geist.*[105] Die Diaspora ist nach der Überzeugung Zweigs für die Juden Verhängnis und Chance zugleich, eine Chance, die sie sich durch einen Zusammenschluß in einem jüdischen Staat verscherzen würden. Auch aus diesem Grund schien ihm der Zionismus, wie ihn Theodor Herzl, Max Brod und auch Martin Buber vertraten, ein Irrweg zu sein für das Volk der Juden und seine historische Aufgabe. In einem Brief vom 24. Januar 1917 schrieb er an Martin Buber: *Nie habe ich mich durch das Judentum in mir so frei gefühlt als jetzt in der Zeit des nationalen Irrwahns – und von Ihnen und den Ihren – trennt mich nur dies, daß ich nie wollte, daß das Judentum wieder Nation wird und damit sich in die Concurrenz der Realitäten erniedrigt. Daß ich die Diaspora liebe und bejahe als den Sinn seines Idealismus, als seine weltbürgerliche allmenschliche Berufung. Und ich wollte keine andere Vereinung als im Geist...*[106]

Stefan Zweig akzeptierte seine eigene jüdische Herkunft seit seiner Kindheit, obwohl er in einer assimilierten Familie ohne jede religiöse Erziehung aufgewachsen war. Seine Identität als Jude war ihm etwas Selbstverständliches und Natürliches. Er fühlte sein Judentum, so formulierte er einmal, *ebenso wie ich meinen Herzschlag fühle, wenn ich daran denke, und ihn nicht fühle, wenn ich nicht daran denke*[107]. Selbstverständlich und natürlich erschienen ihm auch die spirituellen Aufgaben und Verpflichtungen der Juden. Durch ihre Geschichte und ihr Schicksal sind sie nicht fest verknüpft mit einem bestimmten Land oder mit einer bestimmten Sprache. Sie sind international, ihr Vaterland ist universaler, geistiger Natur. Da sie nicht in der Vergangenheit verwurzelt sind, haben sie ein besonderes Talent entwickelt, das sie dazu befähigt, durch neue Ideen den allgemeinen Fortschritt zu fördern und innerhalb ihrer Länder den zerstörerischen Kräften des Nationalismus entgegenzuarbeiten. Weil sie also Weltbürger sind und sein müssen, widerspräche nach Zweigs Meinung jede Form des jüdischen Nationalismus ihrer eigentlichen historischen Bestimmung.[108]

In seinem Drama *Tersites* hatte sich Zweig mit einem eher abseitigen Problem auseinandergesetzt. Die Hauptfigur war nicht frei von pathologischen, masochistischen Zügen. Jetzt stand mit Jeremias eine große Gestalt der Menschheitsgeschichte im Mittelpunkt eines Bühnenstücks, das sich mit den drängendsten Problemen der Gegenwart auseinandersetzte. Das Drama, das eigentlich ein opernhaft rhetorischer Hymnus mit verteilten Rollen ist, entlarvt den Nationalismus der Völker als eine kulturfeindliche und menschenverachtende Krankheit, die für das Leiden und den Tod zahlloser irregeleiteter Menschen verantwortlich ist. Aber eine Hoffnung bleibt lebendig und überstrahlt alle Leiden und Niederlagen: die Besiegten erweisen sich als die in geistiger und seelischer Hinsicht Überlegenen; denn der Besitz der Macht hat die Sieger korrumpiert.

Diese Idee wurde zentral für eine ganze Reihe von Zweigs Werken. Die Linie beginnt bei seinem Drama *Tersites* und setzt sich fort in vielen Biographien bis hin zur Legende *Der begrabene Leuchter*. Zweig stellt die siegenden Besiegten, die erhöhten Erniedrigten, die Unterlegenen, die dennoch triumphieren, in den Vordergrund. Seine Sympathien gelten nicht Luther, sondern Erasmus (*Triumph und Tragik des Erasmus von Rotterdam*), nicht Calvin, sondern Castellio (*Castellio gegen Calvin oder Ein Gewissen gegen die Gewalt*), nicht Königin Elizabeth, sondern Maria Stuart (*Maria Stuart*). Sie alle sind Gestalten, die äußerlich erfolglos bleiben oder zum Untergang verurteilt sind, die aber in einem höheren Sinn recht behalten und sich als moralische Persönlichkeiten behaupten.

Wo liegen die Wurzeln dieser Idee? In der Biographie oder im Charakter des Autors? In den politischen Ereignissen der Zeit? Die Antwort findet sich in Zweigs Drama *Jeremias*. Mit diesem Werk bekannte sich der Verfasser ausdrücklich und öffentlich zur Gemeinschaft seines Volkes. Im Schicksal der Juden glaubte er modellhaft das Schicksal jener Verfolgten zu erkennen, deren Ideen dem Leben dienen und damit den Horizont der jeweiligen Machthaber transzendieren. Durch Leiden erwächst ihnen neue Kraft und bestärkt sie in ihrer Mission, die im Fall des jüdischen Volkes darin besteht, die Ideale der völkerübergreifenden Humanität weiterzutragen und bei allen Menschen wirksam werden zu lassen.

Die erste Auflage des Dramas *Jeremias* war in kurzer Zeit verkauft. Rolland, Rathenau, Dehmel, Thomas Mann und Rilke äußerten sich zustimmend, und Zweig war glücklich, daß sein bisher persönlichstes Werk von den Zeitgenossen verstanden wurde. Natürlich konnte ein Bühnenstück, das die Niederlage glorifizierte, mitten im Krieg von keiner Bühne in Deutschland oder Österreich aufgeführt werden. Deswegen freute sich Zweig besonders über einen Brief des Direktors des Zürcher Stadttheaters, der sich bereit erklärte, das Drama aufzuführen. Gleichzeitig lud er den Autor zur Uraufführung nach Zürich ein.

Zu dieser Zeit war die k. u. k. Monarchie kriegsmüde geworden. Mehr als eine Million Österreicher war inzwischen gefallen, und der junge Kaiser Karl bemühte sich um einen Separatfrieden mit der Entente, um den drohenden Untergang der Donaumonarchie noch in letzter Minute zu verhindern. So paßte es gut in das politische Konzept, wenn man dem pazifistisch gesinnten Dr. Zweig die Ausreise in die Schweiz gestattete, damit er durch Vorträge und durch eine Aufführung seines *Jeremias* im neutralen Ausland die friedensbereite, versöhnlich gestimmte österreichische Kulturnation repräsentiere.

Mitte November 1917 überquerte Zweig zusammen mit Friderike von Winternitz die österreichische Grenze bei Feldkirch, und als der Zug in die Station Buchs einfuhr, kamen sie in ein Land, das ihnen wie eine Insel des Friedens erschien. Beide waren überwältigt von den neuen Erfahrungen in der neutralen Schweiz. Sie kamen aus einem wirtschaftlich erschöpften, ausgehungerten Land, das seine Bürger durch viele Anordnungen und Gesetze bürokratisch reglementierte. Hier konnten sie aufatmen. Sie fanden unzensierte Zeitungen, freien Meinungsaustausch, behaglichen Lebensgenuß und zahlreiche Kontakte mit anregenden, geistig unabhängigen Menschen aus verschiedenen Nationen. Die übernationale Schweiz, der Zufluchtsort aller Verfolgten, erschien Zweig als ideales Muster für ein versöhntes Europa, und ihre grundsätzliche und strikte Neutralität entsprach seinem eigenen politischen Standpunkt. Der ihm allein entsprechende Platz, so formulierte er Jahre später, war *in der Mitte zwischen den Schützengräben*, er wollte zu den Menschen gehören, *die selber nicht schießen, sondern ackern.*[109] In dieser Haltung hatte ihn das Beispiel Romain Rollands bestätigt. Nach einer kurzen Zeit politischer Ambivalenz hatte ihm Rollands Aufsatz «Au dessus de la mêlée» (Über dem Getümmel)[110] die Augen geöffnet. Der französische Schriftsteller forderte den Schutz der Minderheiten, er erinnerte an die gemeinsamen europäischen Werte, die innereuropäische Kriege absurd erscheinen ließen, weigerte sich, eine ganze Nation sozusagen auf Befehl zu hassen, verachtete den Geist, der dem Krieg dient, und erhob Anklage gegen Christen und Sozialisten, die beide vor dem Krieg kapituliert hätten. Schon einmal, vor sieben Jahren, hatte Zweig den Franzosen in Paris flüchtig kennengelernt. Jetzt war er entschlossen, diese für ihn wichtige Bekanntschaft zu erneuern und zu vertiefen. Von Zürich aus fuhr er nach Villeneuve und besuchte Rolland in seinem Zimmer im Hotel «Byron»

Exlibris, entworfen von E. M. Lilien

am Genfer See. Während zu dieser Zeit jeder Deutsche oder Österreicher, der einen Franzosen tötete, eine patriotische Pflicht zu erfüllen glaubte – das galt natürlich auch umgekehrt –, reichten sich hier ein österreichischer und ein französischer Schriftsteller, beide konsequente Pazifisten, brüderlich die Hände. Zweig fühlte sich immer zur lateinischen Lebensart, und insbesondere zur französischen Kultur, zu Frankreich und seinen Menschen hingezogen. Drei Jahre lang hatte er keine Gelegenheit gehabt, mit einem Franzosen zu sprechen und jetzt saß er einem französischen Intellektuellen gegenüber, dem er sich in gleicher Gesinnung verbunden fühlte. Rolland war für ihn eine sittliche Instanz, das *moralische Gewissen Europas*[111]. Seinem Tagebuch vertraute er an, wie der große Mann auf ihn wirkte. Rolland sprach mit leiser Stimme, behutsam, ohne Eindringlichkeit, aber seine Worte hatten Gewicht. Sein Gesicht war feingezeichnet, sein Körper zart und asketisch. Der Geist, so erschien es dem Beobachter, herrschte über einen schwächlichen Körper. Das schwarze, hochgeknöpfte Habit verlieh ihm das Aussehen eines englischen Geistlichen, und das mit Briefen, Zeitungen und allerlei Manuskripten vollgestopfte Hotelzimmer war karg wie eine Mönchszelle. Rollands spirituelle Leidenschaft galt einem einzigen großen Ziel: dem Wiederaufbau des geschundenen Europa.[112] Jedem Hilfesuchenden schrieb er einen tröstenden, ermutigenden Brief; seine völkerverbindenden Ideen versuchte er in zahlreichen Aufsätzen und Zeitschriftenartikeln zu verbreiten. Der humanistische Gedanke blieb bei ihm niemals reine Theorie. Selbstlos stellte er seine eigene literarische Tätigkeit zurück, um für das Rote Kreuz zu arbeiten. An einem rohen Holztisch, der im Musée Rath in Genf stand – so erinnerte sich Zweig in einem Artikel, der einen Monat später in der «Neuen Freien Presse» erschien –, arbeitete Rolland täglich im Dienst des deutsch-französischen Gefangenenaustauschs, und auch die Summe des Friedensnobelpreises, der ihm verliehen worden war, stellte

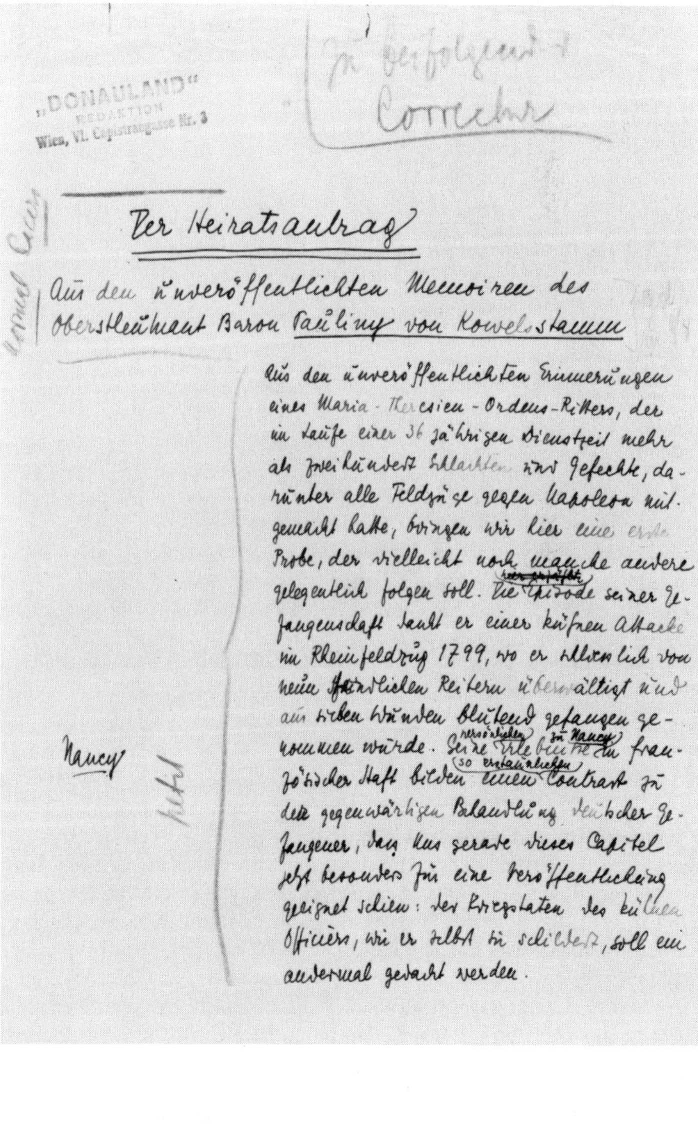

Stefan Zweig, 1924. Ölgemälde von Frans Masereel (verschollen)

er vollständig für wohltätige Zwecke zur Verfügung, *damit sein Wort die Tat und die Tat sein Wort bezeuge*[113].

Romain Rolland wäre kein Schriftsteller gewesen, wenn er sich nicht auch seinerseits über seinen Besucher Notizen gemacht hätte. In seinen Kriegstagebüchern hielt er den Eindruck fest, den Zweig auf ihn machte. Über dessen jugendliches Aussehen war er erstaunt, den Ausdruck von Schlauheit in Zweigs Gesicht fand er aber eher unsympathisch. Dann heißt es weiter: «Seine Sprechweise hat nichts Anziehendes; sie ist schwerfällig streng, monoton, wenn er Französisch spricht. Aber je länger man sich mit ihm unterhält, desto deutlicher tritt die Geradheit und

Hochherzigkeit seines Charakters zutage ... Ich hatte das Gefühl, daß der Wille großen Anteil an diesem seelischen Adel hat ... Er ist sehr menschlich und zugleich von edler Strenge gegen alles, was ‹das Menschliche› nicht respektiert.»[114]

Im Jahr zuvor war Verhaeren auf tragische Weise ums Leben gekommen. Eine der von ihm hymnisch gefeierten, gigantischen Maschinen – in diesem Fall eine simple Lokomotive – hatte den belgischen Dichter überfahren, als er unachtsam die Gleise zu überschreiten versuchte. Schon vorher war zwischen Zweig und Verhaeren eine große Entfremdung eingetreten. Nach dem deutschen Überfall auf sein Land begann der nationalgesinnte Belgier alles Deutsche von ganzem Herzen zu hassen und er soll sich angeblich auch nicht zu schade dafür gewesen sein, die Greuelgeschichten über die von den deutschen Soldaten abgeschnittenen Kinderfüße zu kolportieren. Jetzt schloß Zweig Freundschaft mit einem Mann, der frei war von jedem Haß, mit Romain Rolland. Ähnlich wie er vor Jahren für Verhaerens literarischen Ruhm gewirkt hatte, wollte er seinen Zeitgenossen auch Person und Werk des großen Franzosen ins Bewußtsein rücken. Nach Kriegsende veröffentlichte er eine Monographie über Rolland, den er feierte als einen Mann, der dazu beiträgt, *die unsichtbare europäische Republik des Geistes* inmitten der Nationen zu errichten. Einige seiner Werke übertrug er auch ins Deutsche. Als besonderen Vertrauensbeweis übergab Zweig an seinem 36. Geburtstag dem Freund eine Willensäußerung, die er als sein *geistiges Testament* bezeichnete. Darin erklärte er unmißverständlich, er sei bereit, seinem Land zu dienen, aber er habe sich der Gewaltlosigkeit verschrieben und weigere sich deshalb entschieden, eine Waffe in die Hand zu nehmen.[116]

In Genf und Zürich trafen Zweig und Friderike viele Intellektuelle und Künstler aus Frankreich, Deutschland, Österreich, England, Belgien, die sich selbst als Pioniere des neuen Europa verstanden und ebenso wie Rolland «außerhalb des Getümmels» standen und ihren klaren Blick für die Realitäten nicht verloren hatten. Zu diesem Kreis europäischer Kameraden gehörten Jean-Pierre Jouve, René Arcos, Henri Guilbeaux, Fritz von Unruh, Leonhard Frank, Wilhelm Friedmann, Annette Kolb, René Schickele, Oskar Fried, Hermann Hesse, dazu der Musiker Ferruccio Busoni und der junge belgische Graphiker und Maler Frans Masereel, mit dem Zweig eine besonders herzliche Freundschaft verband. Man sammelte sich um kleine, unabhängige Zeitungen: «La Feuille» und «Demain». In der «Friedenswarte» veröffentlichte Zweig ein mutiges *Bekenntnis zum Defaitismus*: *Schreien wir unsere Kriegsfeindschaft mit diesem Wort in die Welt. Seien wir Flaumacher in der eisernen Zeit!*[117]

Zweigs Aufenthaltserlaubnis für die Schweiz wäre nach zwei Monaten abgelaufen gewesen. Friderike reiste in dieser Angelegenheit nach Wien, und die couragierte Frau erreichte es durch dringende Vorstellungen beim Chef der «Neuen Freien Presse», daß Zweig vollständig vom Kriegsdienst befreit wurde. Seine einzige Verpflichtung: monatlich ein Feuilleton für diese Zeitung.

Am 27. Februar 1918 fand die Uraufführung des *Jeremias* am Stadttheater in Zürich statt, und die «Neue Zürcher Zeitung» schrieb über das Ereignis: «So ist auf unserer Bühne noch selten ein Autor bei der Premiere gefeiert worden.»[118] Einen Monat später verließen Stefan und Friderike Zürich, weil die umtriebige Stadt, in der es von Revolutionären, Weltverbesserern, falschen und echten Diplomaten, Agitatoren, Spionen und Agenten wimmelte, ein ungestörtes Arbeiten verhinderte. Sie übersiedelten in das Hotel «Belvoir» in Rüschlikon über dem Zürcher See. Inzwischen war der Waffenstillstand zwischen den Feindmächten verkündet worden, und Zweig entschloß sich zur Rückkehr nach Österreich. Es war eine schwere Entscheidung, denn er wußte, welche Entbehrungen und welches Elend ihn dort erwarteten. Aber er fühlte sich verpflichtet, gerade in der Niederlage zu seinen Landsleuten zu halten in der Hoffnung, als international anerkannter Freund des Friedens bei der geistigen Gesundung und dem Wiederaufbau des geschlagenen Landes mithelfen zu können. Im März 1919 fuhren sie zurück in ein verarmtes und demoralisiertes Österreich, das nur noch ein Rumpfstaat war. Abgerissene und ausgehungerte Gestalten kauerten in den halb demontierten Zügen. Die Inflation galoppierte, der Schwarzhandel florierte. Zweig war allein nach Wien vorausgefahren. Friderike sollte sich inzwischen um das große Haus auf dem Kapuzinerberg in Salzburg kümmern, das sie noch während des Kriegs gekauft hatten. Unter großen Schwierigkeiten sorgte sie dafür, daß das Dach notdürftig repariert, die elektrische Installation erneuert und das Haus überhaupt bewohnbar wurde. Stefan, der zeitlebens als verwöhnter Sohn aus begütertem Hause den Schwierigkeiten des Alltags auswich, so gut er konnte, unterstützte sie dabei aus der Ferne mit Lob und guten Ratschlägen: *Ich weiß, wie stark Du bist, Du wirst Dir schon durchhelfen*...[119], und in seinem nächsten Brief legte er sich selbstkritisch den entsprechenden Titel bei: *Stefan Pascha*[120].

Bei allen Unannehmlichkeiten und Bedrängnissen der Nachkriegszeit brachte der politische Umbruch in Österreich aber doch mindestens für Stefan und Friderike eine positive Veränderung. Die neuen Gesetze erlaubten ihnen endlich im Januar 1920 die Eheschließung.

«Ein Gast, den ich nie erwartet hatte»

Das Haus am Kapuzinerberg in Salzburg, in dem Zweig die nächsten 15 Jahre seines Lebens wohnen sollte, war im 17. Jahrhundert das Jagdschlößchen eines Erzherzogs gewesen. Der prächtige Bau war eine echte Antiquität, schön, ehrwürdig und unpraktisch. Ein Fußweg mit mehr als hundert Stufen führte auf den Berg hinauf, es gab keine Zufahrtstraße; aber die Aussicht über die vielgestaltigen Dächer der alten Stadt entschädigte den Besucher für den schweißtreibenden Aufstieg. Zweigs Bibliothekszimmer prunkte mit Dufour-Tapeten und einem dunkelroten Sandringham-Teppich. Das Haus hatte neun Zimmer, dazu ein romantisches Türmchen und ein altertümlich getäfeltes Gästezimmer, das im Erdgeschoß lag und dessen Tür in ein Gewächshaus führte. In der großen Bibliothek stand, respektvoll gehütet, Beethovens Schreibtisch, und in einer feuerfesten Truhe verwahrte Zweig sorgfältig seine umfangreiche Autographensammlung.

Schon als Schüler hatte er Autographen gesammelt, aber im Laufe der Zeit konzentrierte er sich immer ausschließlicher auf die Werkschriften der Dichter, mit denen ihn eine innere Beziehung verband. Sein wertvollstes Stück, Goethes «Mailied» («Zwischen Weizen und Korn») hing schon in der Kochgasse eingerahmt, unmittelbar neben dem geliebten King John von Blake. In den folgenden Jahren und Jahrzehnten erwarb er das Manuskript «Die Messe des Atheisten» von Balzac; dazu originale Werkschriften aus der Feder von Dostojevskij, Flaubert, E. T. A. Hoffmann, Novalis (den Schluß des «Heinrich von Ofterdingen»), Lichtenberg, Nietzsche, Schiller, Verlaine, Chamisso, Eichendorff, Hölderlin, Kleist, Whitman, um nur einige zu nennen. Von den Lebenden schenkten ihm Rolland, Rilke, Thomas Mann, Gorki und auch Sigmund Freud einige Manuskripte. Außerdem sammelte er Notenhandschriften (Bach, Beethoven, Mozart, Schubert) und Autographenkataloge (insgesamt ungefähr 4000 Stück). Die nicht unbeträchtlichen Tantiemen für seine Bearbeitung des *Volpone* gab er für die Vermehrung seines Handschriftenschatzes aus. Auf diesem Gebiet wurde Zweig eine internationale Autorität. Wie der leidenschaftliche Sammler in seiner Erzählung *Die unsichtbare Sammlung* war er als eifriger Kunde der Antiquariate ständig auf der Jagd nach Raritäten, und wie dieser, so berichteten Besucher, habe er seine wert-

Das Haus am Kapuzinerberg

vollen Stücke aus übergroßer Ehrfurcht kaum zu berühren gewagt. Fast wie ein Gläubiger die Reliquien eines Heiligen verehrte er seine kostbaren Objekte. Ähnlich wie der ostjüdische Bücherhausierer *Buchmendel* in seiner gleichnamigen Erzählung, konnte auch er über dem Studium seiner Handschriften und Kataloge die Welt um sich herum vollständig vergessen. Jede Handschrift eines schöpferischen Menschen verriet ihm das Wesen seiner Persönlichkeit *in einer winzigen Abbreviatur*. Die Vereinigung von Autographen wird ihm *zu einer physiognomischen Weltkunde*, zu einer *Typologie des schöpferischen Geistes*.[121]

Das Haus am Kapuzinerberg gab Zweig die Möglichkeit zu konzentrierter Arbeit. Seine Frau hielt ihm jede Störung fern und um seine beiden Stieftöchter, deren Art ihm ziemlich fremd blieb, schien er sich zuerst wenig Gedanken gemacht zu haben. *Die Typologie des schöpferischen Geistes* war auch das Programm einer großen Essaysammlung, die den Schriftsteller jahrelang beschäftigte. In den Jahren von 1920 bis 1928 vollendete er den Zyklus *Baumeister der Welt*. Der erste Band *Drei Meister* versucht die drei großen Epiker des 19. Jahrhunderts Balzac, Dickens und Dostojevskij als umfassende Gestalter einer fiktiven Welt darzustellen, als große Schriftsteller, deren Weltsicht als repräsentativ gelten kann für den Typus des Romanciers überhaupt. Die Tatsache, daß die drei Dichter ausgerechnet den Nationen angehörten, die noch vor wenigen Jahren den Mittelmächten im Weltkrieg gegenüberstanden, sollte deutlich machen, daß die Texte in einer mindestens mittelbaren Beziehung

Thomas Mann

Sigmund Freud

stehen zu den Fragen der Zeit. Zweigs biographische Essays waren als Beiträge gedacht zur Überwindung der Feindschaften von gestern, zum Aufbau einer zukünftigen geistig-kulturellen Gemeinschaft der Nationen. Fünf Jahre später folgte der zweite Band dieser Reihe unter dem Titel *Der Kampf mit dem Dämon* (Hölderlin, Kleist, Nietzsche) und als Abschluß *Drei Dichter ihres Lebens* (Casanova, Stendhal, Tolstoj). In seinen Essays verband Zweig Charakterbild und Werkanalyse; dabei gerieten manchmal seine Fähigkeiten zur Begeisterung, sein Bedürfnis nach Verehrung in Konflikt mit seinem Streben nach kritischer Analyse und psychologischer Durchdringung. Je näher ihm die Dichter standen, je verwandter er sich ihrem Charakter und ihrer Weltanschauung fühlte, desto schwelgerischer wird seine Darstellungsweise. In pathetischer Tonart feiert er vor allem Dostojevskij, Kleist und Hölderlin. Gelegentlich verleitet ihn die vermeintliche radikale Subjektivität dieser Dichter zu bedeutungsschweren Sprachbildern nach dem Vorbild Verhaerens. Seine Metaphern stammen vorwiegend aus dem Gebiet der Physiologie, aber auch aus dem Bereich der vom Menschen unabhängigen Naturphänomene, die der Essayist als heroisch-erhaben empfindet (Vulkan, Meer, Orkan, Gewitter). Wenn er sich so an seiner eigenen Begeisterung begeistert, besteht manchmal die Gefahr, daß der Spiegel wichtiger erscheint als das Gespiegelte. Dann drohen Weihrauchschwaden das Denkmal zu verhüllen. Dieser sprachlich-stilistische Überschuß erschwert dem kritischen Leser zuweilen auch den Zugang zu manchen Novellen des Autors. Anders verfährt Zweig bei der Behandlung von Themen und Personen, die ihm durch ihre mindestens anfängliche Fremdheit gleichsam Widerstand entgegensetzen, oder bei der Darstellung von Zeitgenossen, bei denen er gewisse persönliche Rücksichten zu nehmen hat. In diesen Fällen ist ihm die spontane Einfühlung verwehrt und sein Stil wird entsprechend objektiver, schlichter und unaufwendiger. Dies gilt zum Beispiel für seine differenziert argumentierenden Essays über Dickens und Stendhal und besonders für den sorgfältig abwägenden Aufsatz, der sich mit Leben und Werk Sigmund Freuds auseinandersetzt (*Die Heilung durch den Geist* [Mesmer, Baker-Eddy, Freud]). Bei allem Respekt vor dem bedeutenden Gelehrten entwirft er ein keineswegs unkritisches Bild der Freudschen Lehre. In der Einleitung bekennt Zweig, daß ihn Theorie und Praxis der Psychoanalyse nicht in allen Punkten überzeugen konnten. So bezweifelt er Freuds These von der grundsätzlich sexuell besetzten «Libido», und er ist auch skeptisch gegenüber der angeblich umfassenden Geltung der Lehren von der Kastrationsangst, des kindlichen Inzestwunsches und des Ödipuskomplexes überhaupt. Freud habe die Sexualität insgesamt überbewertet, außerdem fehle in seiner Theorie der entscheidende Schritt von der Psychoanalyse zur *Psychosynthese*. Trotzdem bleibe sein großes Verdienst unbestritten: *Sigmund Freud hat die Menschheit... klarer über sich selbst gemacht: ich sage klarer, nicht glücklicher.*[122]

Sofort nach dem Erscheinen des Buchs erhielt Freud ein Exemplar zugesandt. Wie immer war Zweig auf die Reaktion des Adressaten, auf dessen Urteil er großen Wert legte, sehr gespannt. In einem Brief vom 7. Februar 1931 zeigte sich Freud zwar erfreut, daß der Verfasser seine wissenschaftliche Leistung auch als Leistung seines Charakters gewürdigt habe, aber er konnte doch nicht umhin, folgende Punkte kritisch anzumerken: das kleinbürgerlich Korrekte seiner Person schien ihm in Zweigs Darstellung unangemessen betont; außerdem sei Zweig mit der Lehre der Psychoanalyse nicht genügend vertraut, deswegen habe er seine Methode der freien Assoziation nur gestreift, auch das Verständnis des Traums habe er fälschlicherweise aus dem Kindertraum hergeleitet.[123] Diese offene Kritik der Kritik tat der Freundschaft zwischen beiden Männern keinen Abbruch, weiterhin wurden Briefe gewechselt, ab und zu besuchte Zweig den Gelehrten und der eine bewunderte aufrichtig Werk und Lebensleistung des anderen.

Wenn Zweig auch seine kritischen Vorbehalte gegenüber Freuds Theorien niemals aufgab, so schärfte ihm doch die Beschäftigung mit dessen Lehre den Blick für die seelische Wirklichkeit, für die psychologischen Hintergründe der Figuren, die er nachschaffend oder frei entwerfend darstellte: *Psychologie, dargetan an Gestalten, das wird immer mehr meine Leidenschaft, und ich übe sie abwechselnd an realhistorischen und poetisch-imaginierten Objekten ...*[124] Mit der Hinwendung zur *Seelenwissenschaft* stand Zweig in der Tradition der Wiener Erzählung. Seine realistisch-psychologischen Novellen verraten vor allem den Einfluß Arthur Schnitzlers in der Durchbrechung sozialer und erotischer Tabus, in der nuancenreichen Darstellung der Vorgänge, die sich im Innern der Figuren abspielen, und in der kritischen Analyse ihrer Beweggründe.

Ein Mensch, der bisher ein alltägliches, konventionelles Leben führte, wird plötzlich von einer monomanischen Leidenschaft überwältigt, die ihn zu zerstören droht. Aber die Hingabe an ein starkes Gefühl führt ihn gleichzeitig zu einem gesteigerten Erleben und zu einer vertieften Erkenntnis der Wirklichkeit. Dies ist das zentrale Thema der Prosadichtungen Zweigs. Moralisch stand für ihn der Mensch am höchsten, ... *der jeder Manifestation des Lebens eine Ekstase entgegenbringt*[125]. Er sprach sogar von einer *Ethik der Inbrunst*. Der Mann, der so stark auf die Kraft der Vernunft bei der Entwicklung der Menschheit vertraute, sagte einmal in einem Gespräch mit Jules Romains über sich selbst: *Wissen Sie, im Grunde habe ich schrecklich starke Leidenschaften, und ich bin erfüllt von jeder Art von Gewalt. Nur indem ich mich beherrsche, kann ich etwas Vernünftiges erreichen.*[126] Vielleicht wählte der Schriftsteller Zweig deshalb mit Vorliebe Menschen, die ihre ungezügelte Leidenschaft zu extremen Taten hinreißt, zu Hauptfiguren seiner Erzählungen?

Zu diesen Menschen, die ihren Gefühlen ausgeliefert sind, gehört auch Irene, die Frau eines Anwalts, in Zweigs mehrfach verfilmter Novelle

Angst. Sie lebt in einer durchschnittlichen, wohltemperierten Ehe, aus der sie eines Tages ausbricht. Mit einem jungen Musiker, für den sie aber kein tieferes Gefühl aufbringen kann, geht sie ein Verhältnis ein. Bei einem ihrer Rendezvous lauert ihr eine unbekannte Frau auf und erpreßt sie. Bei jedem Zusammentreffen verlangt sie für ihr Schweigen mehr Geld. Nach kurzer Zeit sind Irenes finanzielle Möglichkeiten erschöpft. Sie erlebt Phasen wahnwitziger Angst, die ihre seelische Widerstandskraft erschöpft, so daß sie keinen anderen Ausweg sieht, als sich umzubringen. An dieser Stelle erfolgt eine überraschende Wende: gerade noch rechtzeitig kann ihr Mann die Katastrophe verhindern. Er verrät ihr – und damit auch dem erstaunten Leser –, daß er selbst die «Erpresserin», eine arbeitslose Schauspielerin, engagiert hatte. Irene sollte in die Enge getrieben werden, damit sie durch einen heilsamen Schock zurückfinde zu ihrem Mann und ihren Kindern.

Der Amokläufer, die Titelnovelle, die er seinem Band *Novellen der Leidenschaft* voranstellte, gehört zu den bekanntesten Novellen Zweigs. Wie in seinen Essaybänden *Baumeister der Welt* versuchte der Autor auch in dieser Sammlung eine Art Typologie zu geben. Die Gestalten in seinen Erzählungen sind einer dominierenden Kraft unterworfen. Eine einzige Leidenschaft, die allmählich ihre ganze Existenz bestimmt, setzt sich gegenüber allen anderen Gefühlsregungen, Bestrebungen und Zielen durch. Indem er eine exemplarische Zusammenschau verschiedener Monomanien vorstellt, gibt der Autor einen Überblick über ihre Formen, Erscheinungsweisen und Auswirkungen.

Die Idee zu einer literarischen Typologie geht auf Zweigs Balzac-Lektüre zurück. Balzacs künstlerisches Ziel war es, in seinen Werken ein Gesamtbild typischer Verhaltensweisen und Dispositionen zu entwerfen. Seine fiktive epische Welt sollte als Kosmos menschlicher Möglichkeiten, als «comédie humaine» verstanden werden. Das Werk Balzacs war eines der großen Vorbilder Zweigs. In einem Tagebucheintrag vom April 1913 erfahren wir, daß er sich bei einem Paris-Aufenthalt erneut mit dem französischen Romancier beschäftigte: *... abends wieder ganz still bei Balzac, von ihm zu lernen.*[127]

Die Novelle *Der Amokläufer* beginnt mit der zufälligen Begegnung zwischen dem Erzähler und einem Arzt an Bord eines Schiffs, der dem Mitpassagier seine Lebensgeschichte erzählt. Wegen einer Unterschlagung mußte er in den holländischen Kolonien untertauchen. Dort verliebte er sich in eine reiche Engländerin, die ihn in seiner Praxis aufgesucht hatte, um eine Abtreibung vornehmen zu lassen. Doch ihr Hochmut beleidigt ihn, und er lehnt den Eingriff auch deswegen ab, weil er die hohe Summe, die sie ihm bietet, als Bestechung empfindet. Als sie gegangen ist, folgt er ihr, zwanghaft getrieben von einer Leidenschaft, die ihm plötzlich bewußt geworden ist und die ihn in einen Zustand wahnhafter Begierde versetzt. Wie ein Amokläufer verfolgt er die Engländerin an allen Orten, an denen die weißen Kolonialherren mit ihren Damen zusammenzutreffen pflegen. Schließlich findet er sie in einer armseligen Unterkunft. Aus Angst vor ihrem Mann hat sie inzwischen die Abtreibung ihres außerehelichen Kindes von einer Kurpfuscherin vornehmen lassen. Sie stirbt an diesem Eingriff. Der Arzt, der ihr kurz vor ihrem Tod versprochen hatte, ihr Geheimnis zu wahren, begleitet den Blechsarg mit ihrer Leiche auf dem Weg nach Europa. An dieser Stelle beendet er den Bericht über sein Leben. Die Rückblende ist abgeschlossen und der Erzählbericht wendet sich jetzt den Ereignissen der Gegenwart zu. Als das Schiff in einem europäischen Hafen anlegt, gelingt es dem Arzt, während des Anlegemanövers den Sarg mit der Geliebten ins Wasser zu stoßen. Dann nimmt er sich selbst das Leben. Die melodramatische Geschichte mit ihren tropisch grellen, plakativ wirkenden Naturbildern erzählt mit dramatischem Pathos und rhetorischer Eindringlichkeit vom Schicksal eines exzentrischen Menschen, der sich im Übermaß seines Gefühls selbst zerstört.

Um seelische Abgründe und übermächtige Triebe, aber auch um Kritik an einer Gesellschaft, die den Außenseiter zur Heuchelei zwingt, geht es in der Novelle *Verwirrung der Gefühle*. Ein Student findet ein Zimmer im Haus eines Anglistikprofessors, der ihn durch sein unberechenbares Verhalten immer stärker beunruhigt. Einmal zeigt er ihm seine Zuneigung, dann aber stößt er ihn durch seine Schroffheit zurück. Mit der offensichtlich unbefriedigten Frau des Professors verbringt er eine Liebesnacht. Da ihm die Situation jetzt unhaltbar erscheint, beschließt er, auszuziehen. In einem freimütigen Gespräch gesteht der Professor, der über diese Absicht sehr betroffen ist, dem jungen Mann seine Liebe, die er die ganze Zeit über vergeblich zu unterdrücken und zu verbergen suchte. Jetzt erst beginnt der Student zu verstehen. Obwohl dieses Geständnis seine Sympathie für den älteren Mann nur noch verstärkt, hält er es doch für besser, das Haus für immer zu verlassen.

Im Mittelpunkt der Zweigschen Novellen steht die «sich ereignete unerhörte Begebenheit» (Goethe), die dem Geschehen eine unvermutete Wendung gibt und die alltäglichen Vorgänge in ein fremdes Licht taucht. Dadurch werden die vertrauten Zusammenhänge plötzlich in eine neue, aufschlußreiche Perspektive gerückt. Das bisher Verborgene offenbart sich, die psychologische Neugierde wird befriedigt. Die Technik der unvollständigen und daher ergänzungsbedürftigen Information treibt die Handlung voran und schafft jene dramatische Spannung, die der Gattung der Novelle entspricht. In der Tradition der realistischen Novelle des 19. Jahrhunderts steht die Konfrontation von Rahmen- und Binnenerzählung, die Zweig besonders bei seinen späteren Novellen bevorzugt, ein Verfahren, das zur Objektivierung und Distanzierung der erzählten Ereignisse beiträgt. Während in den frühen Novellen innerer Monolog und Dialog gegenüber dem reinen Erzählbericht vorherrschen, begegnen uns in den späteren häufig ausführliche Rückblenden in der Form der Beichte. Der fiktive Erzähler trifft einen interessanten Menschen, der Vertrauen zu ihm faßt und ihm in der authentisch wirkenden Ich-Form seine Lebensgeschichte erzählt. Die meistens einsträngige Handlung ist also in das Innere des Protagonisten verlegt und durch subjektive Wiedergabe emotional angereichert und perspektivisch getönt. Die Novellen insgesamt haben wenig autographischen Bezug zu ihrem Verfasser. Allerdings teilen fast alle seine Figuren Zweigs Lebensneugier und bemühen sich angestrengt um die Lösung eines psychologischen Rätsels. Unterschiedslos bedienen sie sich auch seiner Eloquenz bei der eindringlichen und wortgewandten Darlegung ihrer Schicksale. Die Menschen in Zweigs Erzählungen, Geigenvirtuosen, Geheimräte, Schriftsteller, Rechtsanwälte, Professoren, Ärzte, Kaufleute, höhere Beamte, Offiziere usw. gehören in der Mehrzahl zum gehobenen Bürgertum, zur sogenannten «guten Gesellschaft». Auch das Kleinbürgertum ist vertreten durch Pferdehändler, Gouvernanten, Kellner, Diener, Angestellte, kleine Beamte. Die Welt der einfachen, aber auffällig gütigen und mitleidigen Menschen ist manchmal mit den Augen Dostojevskijs gesehen, und auch die Vertreter des Adels wirken ein wenig literarisch. Der Autor schildert nicht klar konturierte, realistisch erfaßte Einzelpersonen, sondern Typen, die im Grunde nur Hüllen sind, hinter denen komplizierte Seelenvorgänge verborgen sind.

Zahlreiche Novellen Zweigs hatten beim Publikum der zwanziger Jahre großen Erfolg, und mit Freude konnte er im Rückblick auf diese produktiven und glücklichen Jahre feststellen: *In meinem persönlichen Leben war das Bemerkenswerteste, daß in jenen Jahren ein Gast in mein Haus kam und sich dort wohlwollend niederließ, ein Gast, den ich nie erwartet hatte – der Erfolg.*[128]

Noch größere Resonanz als die Essays und die Novellen fand jedoch ein schmaler Band, der in der Insel-Bücherei erschien, *Sternstunden der Menschheit*. In seinem Vorwort erklärt der Verfasser die Bedeutung dieses Titels. Sein Ziel war es, einige dramatische Stunden in der Geschichte der Menschheit darzustellen, in denen eine Entscheidung getroffen wird, deren Folgen das Gesicht der kommenden Jahrhunderte bestimmt. In diesen seltenen Stunden, die den relativ gleichmäßigen Ablauf der Jahre durchbrechen, beschleunigt sich nach Zweigs Auffassung das Tempo der Ereignisse, langandauernde Vorgänge werden in einer kurzen Zeitspanne komprimiert und das Leben vieler Menschen erhält eine unerwartete Richtung und eine neue Bedeutung. Weil diese Stunden *leuchtend und unwandelbar wie Sterne die Nacht der Vergänglichkeit überglänzen...*[129], gab ihnen Zweig den poetischen Namen *Sternstunden*. Im Jahre 1927 veröffentlichte er fünf seiner historischen Studien. *Die Weltminute von Waterloo* beschreibt das Versagen des Generals Grouchy, der mit seiner Reservearmee Napoleon nicht rechtzeitig zu Hilfe kam und damit verantwortlich wurde für die endgültige Niederlage des Kaisers. *Die Ma-*

Stefan Zweig, 1926. Zeichnung von Otto Schloss

Stefan Zweig, 1926. Tuschezeichnung von Masereel für die 1928 bis 1932 erschienene russische Gesamtausgabe der Werke von Stefan Zweig

rienbader Elegie schildert die unerfüllte Liebe des alternden Goethe zu der neunzehnjährigen Ulrike von Levetzow und die Entstehung seines großen Gedichts. Das Thema der historischen Miniatur *Die Entdeckung Eldorados* ist die Zerstörung von Sutters riesigem Landbesitz im Wilden Westen Amerikas durch rücksichtslose Goldgräber und die Machtlosigkeit der amerikanischen Justiz, die ihm nicht zu seinem Recht verhelfen kann. Das pathetische Gedicht *Heroischer Augenblick* behandelt die in letzter Minute erfolgte Begnadigung Dostojevskijs, auf den schon die Gewehre des Hinrichtungspelotons gerichtet sind, und *Der Kampf um den Südpol* zeigt Scott und seine Männer als moralische Sieger in der Niederlage. 1940 erschien die englische Übersetzung der *Sternstunden* unter dem Titel *Tide of Fortune*. Die Ausgabe enthielt zwei neue Miniaturen: *The Head on the Rostrum* (Cicero) und *Wilson's Failure*. Erst drei Jahre nach Zweigs Tod wurde die gegenüber der Sammlung von 1927 um sieben Texte erweiterte Ausgabe als *Zwölf historische Miniaturen* publiziert. Hinzugekommen sind *Flucht in die Unsterblichkeit* (die Entdeckung des Pazifik durch Vasco Núñez de Balboa), *Die Eroberung von Byzanz*

Vortragsreise 1927

(nach einer Legende, die Zweig für einen historischen Bericht hielt, sollen die Türken 1453 durch eine versehentlich unverschlossene Mauertür in die Stadt gedrungen sein und Konstantinopel erobert haben), *Georg Friedrich Händels Auferstehung* (der verzweifelte Komponist findet durch eine Inspiration die musikalische Grundkonzeption zu seinem Oratorium «Messias»), *Das Genie einer Nacht* (Rouget de Lisle komponiert die «Marseillaise»), *Das erste Wort über den Ozean* (Cyros W. Field verlegt das erste transatlantische Kabel), *Die Flucht zu Gott* (ein dramatischer Epilog, in dem Tolstoj gegenüber zwei Studenten seine prinzipielle Ablehnung der Gewalt begründet) und *Der versiegelte Zug* (Lenins Rückkehr aus der Schweiz nach Rußland im Jahre 1917).

In seinem Vorwort weist Zweig darauf hin, daß die Geschichte *keiner nachhelfenden Hand* bedürfe. Deshalb habe er die Ereignisse faktentreu wiedergegeben und nichts dazu erfunden. Diese Behauptung ist aber nur bedingt richtig. Der Autor hat die Vorgänge novellistisch pointiert und die Personen biographisch überhöht. Bei seinen Texten handelt es sich nicht um historische Analysen, das war auch nicht die Absicht des Verfassers, sondern um anschaulich-realistische, dramatische Profilierungen historischer Ereignisse, die Zweig literarisch ausbeutet, ohne sich streng an die Tatsachen zu halten. Im Mittelpunkt aller Skizzen stehen einzelne Personen, deren Handlungen oder Unterlassungen weitreichende Folgen haben.

Hippolyte Taine hatte die Meinung vertreten, nicht Napoleon, sondern «die Zeit», «der Druck der Verhältnisse», habe im Grunde über das innere Schicksal Frankreichs entschieden und die großen Gestalten zu bloßen Akteuren degradiert. In seiner Dissertation setzte sich Zweig mit dieser, wie er meinte, irrigen Auffassung auseinander. Taines fundamentaler Fehler liege in der *Unterschätzung der Individualität*[130]. Die Geschichte brauche das Individuum, damit sie ihr Ziel erreichen und die *Idee aller Ideen*[131], nämlich die Idee der geistigen Freiheit verwirklichen könne. Diese Idee ist ewig und unzerstörbar, denn sie ist nichts anderes als das irdische Abbild des Weltgeistes. Stefan Zweig hypostasiert die Geschichte und versteht sie als naturwüchsige Schicksalsmacht, die die Menschen in ihren Dienst stellt und über sie herrscht. Sie ist weder gerecht noch ungerecht, sie hat kein moralisches Maß.[132] Aber da sie auf Gewalt gegründet ist und nicht auf Recht, steht sie mit dem Sieger im Bunde. Wie die Natur, so schafft die Geschichte zuweilen makellose Gebilde, denn sie ist auch eine Künstlerin, eine Dichterin, die aus kleinen Ursachen große Wirkungen entfaltet und dem Betrachter zu gewissen Zeiten vorbildliche Dramen, Romane, sogar Kriminalromane und Balladen vor Augen stellt.[133] Als Künstlerin bezieht sie sich auf den schöpferischen Geist des Menschen. Der Geist ist der Kern allen Geschehens, ein absoluter Faktor im Gang der historischen Prozesse.

Als mystifizierte, ästhetisierte und personalisierte Schicksalsmacht ist die Geschichte der unmittelbaren Einwirkung der Menschen entzogen. Sie können ihren Gang und ihre Richtung nicht aus eigener Machtvollkommenheit bestimmen, ihre Aufgabe ist der Dienst an ihr. Auch die Ursachen historischer Entwicklungen können sie nur unvollkommen erkennen. Der Betrachter kann nur die Folgen registrieren und das Handeln der von der Geschichte beauftragten Persönlichkeiten verfolgen.

Eine Auffassung, die die Verantwortung der Menschen für ihre Geschichte verkennt. Sie ignoriert die Bedeutung technischer, sozialer und politischer Strukturen als multikausaler Triebkräfte historischer Entwicklungen und läßt die Verbindung zwischen dem Bereich der Kultur und den politischen Machtverhältnissen außer acht. Dieses problematische historische Paradigma prägte Zweigs Vorstellungen und bestimmte die literarische Gestaltung historischer Themen vor allem in seinen zahlreichen Biographien.

Das 19. Jahrhundert hatte die Beschäftigung mit der Geschichte in den Rang einer Wissenschaft erhoben. Der Erste Weltkrieg schärfte den Blick für das Phänomen geschichtlichen Wechsels. Bedeutende Geschichtsphilosophen wie Spengler und Toynbee erregten mit ihren Thesen weltweite Aufmerksamkeit, und die Psychologie war zur Modewissenschaft geworden. Diese Voraussetzungen schufen ein ideales geistiges Klima für die Entstehung populärwissenschaftlicher historischer Darstellungen. In den Jahren nach dem Ersten Weltkrieg fanden biographische Essays und historische Biographien auch in Frankreich, Italien und England viele Leser. Zwischen 1916 und 1930 sollen 4800 Biographien allein in den USA veröffentlicht worden sein.[135] Das Bürgertum empfand die politischen und sozialen Umwälzungen nach dem Krieg als Gefährdung seiner Position und als Bedrohung seiner Werte. Der einzelne fühlte sich kollektiven Mächten ausgeliefert und suchte nach Orientierung und Halt. Dem Streben nach historischer Vergewisserung und Stabilisierung entsprach die Suche nach der Begegnung mit künstlerischen oder historischen Vorbildern. Andererseits bedeutet Orientierung auch, sich vertraut zu machen mit den Mächten, die für verhängnisvolle Entwicklungen verantwortlich zu machen sind, sich zu informieren über historische Persönlichkeiten, deren Wirken unheilvoll war, die ihre Macht zu ihrem persönlichen Vorteil mißbrauchten, und die ihre Ziele mit Heuchelei, Terror und Mord zu erreichen suchten. Ein solcher skrupelloser Machtmensch war Joseph Fouché, führend beteiligt an der Französischen Revolution, trotzdem später Polizeiminister unter Napoleon und erstaunlicherweise auch wieder unter Ludwig XVIII. bis zum Jahre 1816. Zweigs Biographie *Joseph Fouché* trägt den leicht irreführenden Untertitel *Bildnis eines politischen Menschen*. Gemeint ist der nur von seinem Willen und seinem Intellekt kontrollierte Nur-Politiker, der Machiavellist, der berufsmäßige Hasardeur, der gewissenlose Machtpolitiker, dessen geradezu unwahrscheinliche Anpassungsfähigkeit auf das Fehlen jeglicher sittlicher Prinzipien zurückzuführen ist, und der seine Lust an der Macht durch seine wandlungsfähigen Ideologien maskiert. Nur im Sterben zeigt dieser Mensch einen Anflug von Haltung und Würde.

Auch im Fall Fouché wollte Zweig das Charakteristische, Überzeitliche hervorheben. Mit seiner Biographie wollte er einen Beitrag liefern *zur Typologie des politischen Menschen*[136]. Die Figur des chamäleonhaften Polizeiministers war Zweig höchst unsympathisch. Er schrieb das Buch nicht aus Anteilnahme an einer interessanten historischen Figur, sondern aus rein *seelenwissenschaftlicher Freude*[137], wie er sagte. Die *Biographie eines Menschen, den ich nicht mag ...*[138] wurde trotzdem oder vielleicht gerade deswegen ein sensationeller Erfolg und gehört durch ihren straffen, handlungsbetonten Aufbau, durch ihre geistreich pointierte, widerstandslose Eloquenz, durch ihre psychologische Wahrscheinlichkeit in der Schilderung der Hauptpersonen zu Zweigs überzeugendsten Biographien und zu seinen besten literarischen Arbeiten überhaupt.

Abgesehen von zeittypischen Umständen gründet sich der Erfolg von Zweigs Biographien auf gewisse literarische Voraussetzungen und persönliche Schreibgewohnheiten. Er bezeichnete sich selbst einmal als einen ungeduldigen Leser. Alles Weitschweifige und Überflüssige, endlose Bildungsgespräche und eine unübersichtliche Versammlung von Romanfiguren pflegten ihm das Vergnügen an der Lektüre von Romanen und Erzählungen zu rauben. Auch aus diesem Grund suchte er diese Fehler bei der Gestaltung seiner eigenen Werke zu vermeiden. Nachdem er alle erreichbaren Quellen für ein Thema in den Bibliotheken ausgewertet hatte – häufig beauftragte er seinen Freund Erwin Rieger mit den Recherchen –, stellte er zuerst eine umfangreiche Rohfassung des Werkes her, die er dann immer stärker auf das Wesentliche konzentrierte, bis die dramatischen Konturen der Handlung sichtbar wurden und die erzählten Aktionen in rapidem Tempo aufeinanderfolgten. Nicht selten blieben dann durch die angewandte Kunst des Weglassens von 1000 Seiten Text nur noch 200 übrig.[139] Aber diese Technik erklärt den Erfolg seiner Bücher nicht allein. Der Schriftsteller Zweig überzeugte seine Leser durch klug disponierende, wirkungssichere Gestaltung, wie sich gerade bei *Joseph Fouché* zeigt. In die Erzählvorgänge sind charakteristische Informationen über den Lebensstil der jeweiligen Epoche eingefügt (Mode, Architektur, Einrichtungen, Umgangsformen, Verkehrswesen usw.), die die Schilderung authentisch erscheinen lassen. Rascher und häufiger Wechsel der Schauplätze erwecken den Eindruck von Leichtigkeit und Souveränität. Als später Nachfahre des Physiognomikers Johann Kaspar Lavater verzichtet der Autor in seinen Biographien nie auf die Beschreibung und Deutung des Gesichts und entwirft ein einfühlsames Psychogramm der Hauptfigur. Zweig ist ein Meister in der Kunst der Vergegenwärtigung. Resultate löst er in Prozesse auf, phantasievoll erfundene Einzelheiten schließen sich zu sinnlich-anschaulichen Gesamtbildern, zu «tableaux» zusammen, die durch optische und akustische Signale, aber auch durch konkrete Vergleiche und gefühlsbetonte Formulierungen auf die Sinne des Lesers wirken und seine Phantasie fesseln, so daß er sich als Zeitgenosse der Hauptpersonen und Augenzeuge der geschilderten Ereignisse fühlt. Nicht das «raunende Imperfekt» Thomas Manns verwendet Zweig in seinen literarischen Biographien, sondern das Präsens, das an den Stil einer Chronik erinnert und die Distanz zwischen Erzähltem und Leser, aber auch zwischen Erzähler und Leser scheinbar verringert. Die Zeitform des Präsens erzeugt die Illusion, als ob sich die erzählten Vorgänge mit einer gewissen logischen Notwendigkeit und auf Grund einer verborgenen historischen Gesetzmäßigkeit nacheinander entfalteten. Vielleicht sein wichtigstes literarisches Gestaltungsmittel, das besonders dazu geeignet ist, den häufig als «trocken» verschrienen historischen Stoff menschlich interessant und psychologisch nachvollziehbar zu machen, ist aber die «erlebte Rede». Die Reaktion der vorgestellten Figuren ist in Wortwahl und Satzbau von ihrer jeweiligen Perspektive, das heißt von ihren Absichten, ihrem Charakter, von ihrer momentanen Gemütsverfassung geprägt. Der Autor schreibt sozusagen aus dem Innern seiner Gestalten heraus. Die von Zweig etwas anspruchsvoll formulierte *seelenwissenschaftliche* Durchdringung der Geschichte, die er für seine Darstellungen reklamiert, meint nichts anderes als seine hochentwickelte Kunst der Einfühlung, die dem Leser in suggestiver, fesselnder Weise das Innenleben seiner fiktiven Gestalten zugänglich und verständlich macht.

Mit seiner Biographie über Fouché wollte Zweig nicht nur eine interessante Charakterstudie vorlegen. Seine Absicht war es, die Öffentlichkeit zu warnen vor einer aktuellen Gefahr, die sich in den von den Folgen des Krieges demoralisierten und instabil gewordenen Staaten Mitteleuropas immer deutlicher abzuzeichnen begann. Die reaktionären, nationalistisch gesinnten Gruppierungen waren in Italien und Deutschland erstarkt und drängten mit allen Mitteln zur Macht, und auch in Österreich, das sich politisch in einem mindestens ebenso desolaten Zustand befand, fiel die Propaganda dieser skrupellosen rechtsradikalen Machtpolitiker auf fruchtbaren Boden.

Der Vertrag von St. Germain hatte das Ende der feudalen Habsburger Dynastie herbeigeführt. Der Vielvölkerstaat war in seine vorwiegend ethnisch bestimmten Bestandteile zerfallen. Nicht wenige hielten den Rumpfstaat Deutsch-Österreich mit seinen sechseinhalb Millionen Einwohnern, von denen allein zwei Millionen in Wien lebten, überhaupt nicht für lebensfähig. Zweig aber glaubte an die Regenerationsfähigkeit seines Heimatlandes. Zwar erhoffte er sich von der Politik der Parteien, von den Resultaten der Tagespolitik nicht viel. Als Kosmopolit erschienen ihm nationale Ansprüche und staatliche Grenzen als zweitrangig. Er vertraute auf die Wirksamkeit einer Vision, auf eine völkerverbindende Idee, deren Verwirklichung alle nationalen Konflikte lösen könnte, die

Mit Anton Kippenberg, 1930

Idee der europäischen Gemeinschaft. Für ihn war der große Krieg ein momentaner Rückfall in barbarische Zeiten, eine bedauerliche und fatale Regression gewesen. Bei seinem Aufenthalt in der Schweiz hatte er die Solidarität der europäischen Intellektuellen erfahren, und dieses Erlebnis ermutigte ihn jetzt, weiterzuarbeiten an der Einheit Europas. Es gab einen Bereich über den Nationen, in dem die Völker ihre Gemeinsamkeit erfahren konnten, die Welt der europäischen Kultur.

Schon 1919 hatte sich Zweig an seinen Verleger Kippenberg gewandt und ihm den Vorschlag unterbreitet, der Insel Verlag möge die Internationale der Kultur durch die Herausgabe einer «Bibliotheca Mundi» dokumentieren. Klassische Werke der Weltliteratur sollten in den jeweiligen Originalsprachen publiziert werden. Bereitwillig griff Kippenberg diesen Plan auf, und in den folgenden Jahren erschienen insgesamt vierzehn Bände in dieser Reihe. Aber dieses literarische Unternehmen konnte Zweig nur als ersten Schritt auf dem richtigen Weg betrachten. In den zwanziger Jahren war er als Autor international berühmt geworden, und er fühlte sich verpflichtet, sich nun persönlich für die Propagierung des europäischen Gedankens einzusetzen. In Vortragsreisen, die ihn zuerst nach München, Frankfurt a. M., Darmstadt, Bremen, Hamburg, Leipzig und Breslau, aber dann auch ins europäische Ausland, in die Schweiz, nach Holland, Belgien, Frankreich, Italien führten, stellte er seinen Zuhörern die großen europäischen Humanisten Romain Rolland und Tolstoj, den Propheten der Gewaltlosigkeit vor, las aus eigenen Werken und sprach über das Thema, das ihm besonders am Herzen lag: Europa. Er muß ein mitreißender Redner gewesen sein, der seine Gedanken wirkungsvoll, rhetorisch eindringlich und überzeugend zu formulieren wußte. Seine Stimme war sonor und ausdrucksvoll[140], und er ließ seine Zuhörer, die sich zu Hunderten in seine Vorträge drängten, spüren, daß es ihm nicht um die Vertretung partikularer Interessen ging, sondern um die Humanisierung der Politik durch die Weckung eines übernationalen Nationalbewußtseins. Das schwerkranke Europa, so betonte er immer wieder, müsse zuerst vom Bazillus des aggressiven Nationalismus befreit werden, ehe es gesunden könne. In seinem Vortrag *Die moralische Entgiftung Europas* machte er dann auch ganz konkrete Vorschläge, wie das zu bewerkstelligen sei. In den Schulen sollte statt Militärgeschichte Kulturgeschichte gelehrt werden, damit durch die Beschäftigung mit den Leistungen und Errungenschaften, die allen Nationen gemeinsam sind, das Selbstvertrauen und der Zukunftsoptimismus der jungen Europäer gestärkt würden. Weiter regte er einen Jugendaustausch zwischen den einzelnen Ländern, die Schaffung einer europäischen Akademie und einer europäischen Tageszeitung an. Von einer übernationalen Instanz, die die Ehre der Nationen verteidigt und Verleumdungen und Lügen energisch entgegentritt, erhoffte er eine weitere Stärkung des europäischen Gedankens.[141] Alle diese Maßnahmen und Einrichtungen wirken nach seiner Überzeugung zusammen, damit die Folgen des Weltkriegs, des *tragischen Zwischenfalls*[142] durch Vernunft, Gerechtigkeit und Enthusiasmus allmählich überwunden würden.

Auf seinen Reisen lernte Zweig viele Länder kennen, aber bisher hatte er noch nie die Gelegenheit gehabt, das Land zu besuchen, in dem seit 1918 ein großes soziales und politisches Experiment durchgeführt wurde, die Sowjet-Union. 1927 war eine zehnbändige Ausgabe seiner *Gesam-*

Mit Maxim Gorki in Sorrent, 1930

melten Werke im Leningrader Wremja Verlag mit einer Einleitung von Maxim Gorki erschienen. Im folgenden Jahr erreichte ihn eine Einladung zur Teilnahme an der Feier zum 100. Geburtstag Tolstojs in Moskau. Vor ihm waren schon Shaw, Barbusse, Gide, Wells und andere international renommierte Schriftsteller ins Reich des Bolschewismus gepilgert und ihre Urteile reichten von unkritischer Begeisterung bis zur entschiedenen Ablehnung. Zweigs Neugierde war erwacht, er wollte sich, unabhängig von Propaganda und Gegenpropaganda, ein eigenes Bild von den Verhältnissen machen. Daß ein Reisender nach einem vierzehntägigen Aufenthalt keine grundsätzlichen Erkenntnisse über die Sowjet-Union formulieren kann, war ihm klar. In einer Artikelserie der «Neuen Freien Presse» über seine Reise gab er Auskunft über seine Beweggründe und Absichten. Er wollte *nur Impressionen geben, farbig und flüchtig wie sie waren, ohne jeden anderen Wert und Anspruch als den gerade in bezug auf Rußland wichtigsten: nicht zu übertreiben, nicht zu entstellen und vor allem nicht zu lügen*[143].

Auf der Zugfahrt durch Galizien stellte er mit Genugtuung fest, daß das zerstörte Land wieder aufgebaut war. In Warschau sah er in den Cafés viele mondäne Damen und elegante Offiziere und er gewann einen lebendigen Eindruck von der Aktivität und dem Stolz der neuen Republik Polen. In einem prächtigen Salonwagen, der einmal dem Zaren gehört hatte, ging die Reise bis zur russischen Grenze bei Njegorolje und weiter durch flaches, sandiges Land. Langbärtige Bauern in weiten Blusen, Frauen mit bunten Kopftüchern und weißen Kitteln verkauften an den

Tolstojs Grab

Bahnstationen Kwas, Eier und Gurken. Die endlose russische Steppe, durch die sie jetzt fuhren, die Dörfer und Städtchen mit ihren Zwiebeltürmchen, die sich in der Ferne zeigten, und auch die jungen Arbeiter im Zug, die ihm als kindliche und unverbildete Vertreter des russischen Volks gleich sympathisch waren, sah er mit den Augen Tolstojs, Dostojevskijs und Gorkis.[144] In Moskau fiel ihm das unvermittelte Nebeneinander von alter und neuer Zeit auf. Mauern und Zwiebeltürme aus altrussisch byzantinischer Zeit standen neben supermodernen Hochhäusern. Kritisch registrierte der Reisende aus dem Westen die Hast der Menschen, die Übervölkerung, die unerträgliche Wohnungsnot, die Überorganisation und den Leerlauf der Bürokratie. Skeptisch beobachtete er auch das Bemühen der Partei, die das russische Volk mit einem Ruck, sozusagen über Nacht, vom Analphabetentum zur Kulturnation emporreißen wollte, während die Intellektuellen zurückgeworfen wurden in ein primitives, drückendes Dasein, das sie mit heroischer Aufopferung auf sich nahmen.[145] Auf den Bänken zwölfjähriger Schüler, das schien ihm bezeichnend zu sein, lagen die Werke von Hegel und Marx, denn Bildung war Ehrenpflicht der jungen und älteren Proletarier. Gleich nach seiner Ankunft – hinter ihm lag eine vierundfünfzigstündige Eisenbahnfahrt – wurde Zweig aufgefordert, noch am selben Abend im großen Moskauer Opernhaus über das Thema «Tolstoj und das Ausland» zu sprechen. *Nun, vorbereitet hatte ich nichts, aber nach kurzem Überlegen entschloß ich mich, frei zu sprechen – allerdings das große Opernhaus (das herrlichste, das ich jemals sah, mit seinen 4000 Plätzen) und die Blitzlichter und elektrischen Scheinwerfer des Kinematografierens sind etwas, um einen verzagt zu machen, aber schließlich ging es ... ganz anständig.*[146] In Moskau traf er auch Maxim Gorki, mit dem er sich sofort gut verstand, obwohl der russische Schriftsteller, *einer der genialsten Erzähler der Weltliteratur*, keine Fremdsprache beherrschte. Gorki machte sich verständlich durch kleine pantomimische Vorführungen.

Von der russischen Hauptstadt aus fuhr Zweig nach Jasnaja Poljana zum Grab Tolstojs, einem *Pilgerort*, dessen Anblick ihn ergriff, und später nach Leningrad. Die Aufbruchstimmung der Menschen, denen er begegnete, ihre Wärme und herzliche Gastfreundschaft, ihr naiver Stolz auf das bisher Erreichte, ihre Begeisterung für Kunst und Literatur, hätten vielleicht auch einen Besucher, der weniger verbindlich und weniger bereit gewesen wäre, überall das Positive zu würdigen, zu einem unkritischen Lob auf das neue Rußland, auf den ersten Arbeiter- und Bauernstaat verführt. Doch ein Brief, den er eines Abends in seiner Tasche fand, gab Zweig zu denken und mahnte ihn zur Vorsicht. Der Unbekannte schrieb: *Glauben Sie nicht alles, was man Ihnen sagt. Vergessen Sie nicht, bei allem, was man Ihnen zeigt, daß man Ihnen auch vieles nicht zeigt. Erinnern Sie sich, daß die Menschen, die mit Ihnen sprechen, meistens nicht das sagen, was sie Ihnen sagen wollen, sondern nur, was sie Ihnen*

Mit Arturo Toscanini und Bruno Walter

sagen dürfen. Wir sind alle überwacht und Sie selbst nicht minder. Ihre Dolmetscherin meldet jedes Wort. Ihr Telephon ist abgehört, jeder Schritt kontrolliert.[147]

Erfüllt von widersprüchlichen Eindrücken und Erfahrungen kehrte der Rußland-Reisende zu seiner Arbeit, zu seiner Familie und zu seinen Freunden nach Salzburg zurück.

Die kleine Provinzstadt hatte sich durch die Einrichtung der Salzburger Festspiele zu einem Mekka der Künste verwandelt. Fürsten, Stars, Journalisten, Millionäre, Snobs, Künstler und Kunstbeflissene zeigten sich auf den Plätzen und in den Straßen der Stadt. Nicht wenige prominente Künstler keuchten die 100 Stufen zum Haus der Zweigs am Kapuzinerberg hinauf. Thomas Mann und Romain Rolland übernachteten dort, die

Schriftsteller Wells, Hofmannsthal, Wassermann, Joyce, Werfel, Valéry, Schalom Asch, Carossa, Zuckmayer und Schnitzler kamen zu Besuch, und auch mit den Musikern Ravel, Richard Strauss, Alban Berg, Béla Bartók, Bruno Walter und Toscanini pflegte der begeisterte und sachverständige Liebhaber der Musik freundschaftlichen Umgang. Aber es war nicht nur die internationale Elite der Künstler, die ihn dort besuchte. Zweig lud auch junge Schriftsteller in sein Haus, die er in ihrem Schaffen ermutigte, deren Werke er mit verständnisvoll-anerkennenden Rezensionen bekanntmachte, die er den Verlagen empfahl, und die er auch finanziell großzügig unterstützte. Der Schriftsteller Walter Bauer, Sohn eines Arbeiters und unter anderem Verfasser von sozialkritischen Werken aus der Arbeitswelt, berichtete anschaulich von seinem Besuch bei Stefan Zweig im Jahre 1931: «Er kam mir entgegen, schlank, dunkelhaarig, ein Weltmann österreichischer Prägung... Er war ein Mann im Ruhm, aber er war frei und unfeierlich geblieben, der Erfolg hatte ihn nicht verdorben... Er war souverän. Er erwartete, daß man bestimmte Grenzen achtete, die er un-

Stefan Zweig. Zwei Zeichnungen von B. F. Dolbin

aufdringlich zog; aber er selber ging über die Grenzen hinweg und streckte seine Hand dem jungen Menschen hin, der aus der Luft einer Arbeiterküche kam. Es wurde einem wohl in seiner Gegenwart.»[148]

In diesen Jahren, die wohl zu den erfülltesten und glücklichsten seines Lebens gehörten, schrieb Zweig an einer neuen Biographie *Marie Antoinette. Bildnis eines mittleren Charakters*. Die Tochter Maria Theresias betrachtet er weder als Heldin der royalistischen Idee noch als erhabene Märtyrerin der Französischen Revolution. Er stellt sie dar als durchschnittliche Vertreterin ihres Standes und ihrer Zeit und charakterisiert sie als leichtfertige, verspielte, genußsüchtige, aber gutmütige und aufrichtige Aristokratin. Als *mittlerer Charakter* fürchtet sie schicksalhafte Verstrickungen und sucht seelische Erschütterungen zu meiden. Ihr Leiden wird ihr durch den Gang der Ereignisse aufgezwungen, aber in ihrer Verlassenheit und ihrem äußersten Elend wächst sie hinaus über das Mittelmaß und gewinnt Würde und seelische Größe. Deutlicher als in seinem Buch über Fouché zeigen sich in dieser Biographie romanhafte Gestal-

Mit Frau Friderike und deren Töchtern im Garten auf dem Kapuzinerberg

tungselemente. Zwar wird nicht absichtlich Wahres und Erfundenes miteinander vermischt, aber die Interpretation der historischen Gegebenheiten mit Hilfe der Psychologie und unter Verzicht auf jede Quellenkritik bringt ein fiktives und subjektives Element ins Spiel. Der Autor zeigt sich als allwissend; er kennt die Gedanken, Ahnungen und sogar die Träume seiner Figuren, er macht historische Vorgänge in ausgeschmückten und weitergedichteten Szenen lebendig und beansprucht für seine Sicht der Dinge eine Wahrscheinlichkeit, die angeblich der Wahrheit der bloßen Fakten überlegen ist. Stefan Zweig will nicht nur «zeigen, wie es eigentlich gewesen» (Ranke), sondern auch «wie es gewesen sein könnte».

Seine literarischen Biographien wollen keine wissenschaftlich-historischen Darstellungen sein, sie gehören, obwohl der Autor diese Mischform, *wo große Gestalten und große Geschehnisse aus einer privaten Psychologie beleuchtet werden statt aus der unerbittlichen Logik der Geschichte*[149], ausdrücklich ablehnt, zur Gattung der «biographie romancée».

Auch dieses Werk wurde von den Zeitgenossen sehr bewundert und viel gekauft und Zweig hätte seine großen Erfolge der letzten Jahre genießen können. An seinem 50. Geburtstag, den er, um dem Rummel auszuweichen, mit seinem Freund Zuckmayer in einem kleinen jüdischen Restaurant in München bei gedämpfter Gänsekeule und blauem Karpfen feierte, sagte er plötzlich: *Eigentlich hätte man jetzt genug vom Leben. Was noch kommen kann, ist doch nichts als Abstieg.*[150]

Der politische Horizont verdunkelte sich immer mehr. In Deutschland übernahmen die Nationalsozialisten die Regierung. Bald wurden die Werke mißliebiger, «undeutscher» Autoren öffentlich verbrannt und auch Stefan Zweigs Bücher gingen in Flammen auf. In Österreich hatte die autoritäre Regierung Dollfuß das Parlament ausgeschaltet. Gegen diesen Machtmißbrauch rebellierte der sozialistische republikanische Schutzbund. Der Aufstand wurde von der Regierung mit Hilfe der Polizei und durch Truppen des Bundesheeres blutig niedergeschlagen. Auf der Suche nach Waffenlagern der Sozialisten durchstöberten die Gendarmen auch die Villa des weltbekannten Pazifisten Zweig, *bis in meinen Wäscheschrank*. Diese Polizeiaktion empfand der Schriftsteller als *maßlose Beschimpfung und Mißachtung... man jagte mich mit Spitzelberichten wie einen Verbrecher*[151]. Er war so aufgebracht und vollkommen außer sich über die Willkür der Behörden und die Bedrohung seiner Unabhängigkeit, daß er sich spontan dazu entschloß, Österreich so schnell wie möglich zu verlassen. Vergeblich suchte Friderike ihn zurückzuhalten.

«Die Kloaken stehen offen»

Als die Nationalsozialisten bei der Reichstagswahl am 14. September 1930 mit 6409000 Stimmen ein sensationelles Wahlergebnis erzielten und mit 107 Mandaten (vorher zwölf!) zur zweitgrößten politischen Kraft im Reichstag wurden, ließ sich Zweig dazu hinreißen, der bedrohlichen Entwicklung in einem politisch ziemlich naiven Kommentar eine harmlose Deutung zu geben. Im Wahlsieg der Nazis sah er eine *vielleicht unkluge, aber im Innersten natürliche und durchaus zu bejahende Revolte der Jugend gegen die hohe Politik*[152]. In einem Offenen Brief unter dem Titel «Jugend und Radikalismus» antwortete ihm darauf der damals vierundzwanzigjährige Klaus Mann empört: «Ihre schöne Sympathie für das Jugendliche an sich läßt Sie, fürchte ich, übersehen, worin diese Revolte besteht. Was wollen die Nationalsozialisten? ... Nach welcher Richtung radikalisieren sie sich? ... Radikalismus allein ist noch nichts Positives, und nun gar, wenn er sich so wenig hinreißend, sondern so rowdyhaft und phantasielos manifestiert wie bei unseren Rittern vom Hakenkreuz.»[153] Stefan Zweig bemühe sich, auch noch gegenüber dem Todfeind gerecht, tolerant und verständnisvoll zu bleiben aus einer Haltung heraus, die Zweig «mit wienerisch nasaler, sammetweicher Stimme» als «eminent pazifistisch» zu charakterisieren pflege.[154]

Wenig später, nach der nationalsozialistischen «Machtergreifung», attackierte Richard von Schaukal den Juden Zweig im Deutschen Rundfunk, und in einer Abhandlung des Rassentheoretikers Günther wurde eine Fotografie abgebildet, die Stefan Zweig als typischen Semiten vorführte. In ganz Deutschland breitete sich eine antisemitische Haßpsychose aus, und es kam zu Ausschreitungen gegen die Juden. Jetzt erst erkannte Zweig den Ernst der Lage. Mit einer überraschenden Klarsicht, die so gar nicht zu seinem häufig betonten politischen Desinteresse zu passen schien, sah er eine fatale Entwicklung voraus: *Was sonst geschieht, spottet jeder Beschreibung, jede Art von Recht, Freizügigkeit ist in Deutschland aufgehoben, und es wird nur ganz kurze Zeit dauern, und wir haben in Österreich das gleiche Schicksal.*[155] In einem Brief an Thomas Mann beurteilte er die politische Situation noch drastischer: ... *die Lüge spannt frech ihre Flügel und die Wahrheit ist vogelfrei; die Kloaken stehen offen und die Menschen atmen ihren Stank wie einen Wohlgeruch.*[156] Trotzdem konnte

Bücherverbrennung der Nazis, 10. Mai 1933

Klaus Mann

er sich nicht dazu durchringen, öffentlich gegen den braunen Ungeist Stellung zu beziehen, denn jede Art von Aggressivität und Polemik lag seinem sanften und konzilianten Naturell fern, selbst dann, wenn ihm der geistige Kampf berechtigt und notwendig erschien. Er sei außerstande, so schrieb er aus London in einem Brief an Hans Carossa, Haß mit Haß zu vergelten, er könne auf die skandalösen politischen Vorgänge in Deutschland nur mit *Bestürzung* reagieren.[157]

Klaus Mann hatte ihn um seine Mitarbeit an der von ihm herausgegebenen Emigrantenzeitschrift «Die Sammlung» gebeten. Aber als Zweig die erste Nummer in Händen hielt, war er über den ausgesprochen politischen Charakter der Monatsschrift so entsetzt, daß er seine Bereitschaft zur Mitarbeit sofort widerrief. Nach seiner Überzeugung gab es nur eine einzige Antwort auf die Herausforderung durch den Faschismus: die literarische Leistung und nicht die tagespolitische Auseinandersetzung.

Diese gutgemeinte, aber wenig überzeugende Ansicht hatte Zweig in einem Privatbrief gegenüber seinem Freund und Verleger Kippenberg geäußert. Auf ungeklärte Weise kam sein Schreiben im «Börsenblatt für den Deutschen Buchhandel» vom 14. Oktober 1933 zum Abdruck.[158] Die Folge war, daß er jetzt von den antifaschistischen Schriftstellerkollegen als Kollaborateur der Nazis beschimpft wurde. Um der Welt seine Haltung zu erklären, um seine Unentschiedenheit und scheinbare Zweideutigkeit in politischen Dingen zu begründen und zu rechtfertigen, begann Zweig mit der Arbeit an einem neuen Buch, einer *verschleierten Selbstdarstellung*[159]: *Triumph und Tragik des Erasmus von Rotterdam*. Da Kippenberg inzwischen auch vom Gift des Antisemitismus infiziert war, konnte *Erasmus* nicht mehr im Insel Verlag erscheinen. Die erzwungene Trennung von seinem alten Verlag und von seinem Verleger empfand Zweig

Erasmus von Rotterdam. Gemälde von Hans Holbein d. J.

wie eine Vertreibung aus einer angestammten Heimat. Sie war für ihn auch in menschlicher Hinsicht eine bittere Enttäuschung. In Herbert Reichner, dem Begründer eines österreichischen Exilverlags, fand er einen neuen Partner.

Erasmus von Rotterdam, der spätmittelalterliche Humanist, der Verteidiger der Mitte und des Maßes, der sich im Kampf zwischen Reformation und der alten kirchlichen Lehre keiner Partei außer allein der Partei der Vernunft verpflichtet fühlte, «homo pro se», ein Mann, der für sich allein stand, wie Ulrich von Hutten 1515 formulierte, diesen außergewöhnlichen Menschen betrachtete Zweig als sein großes Vorbild und alter ego. Der Schriftsteller und Verleger Benno Geiger, der mit Zweig befreundet war, fühlte sich durch die innige Wesensverwandtschaft zwischen Zweig und Erasmus zu einem gutmütig-ironischen Gedicht inspiriert: «Ja er versetzte in Erasmus / sich selber derart tief hinein, / daß jener nur ein Pleonasmus / für ihn erschien; im Weltmarasmus / er selber eitel Sonnenschein.»[160]

In den Augen Zweigs war Erasmus der erste Europäer, ein Aristokrat des Geistes, dessen weitgespannte Interessen die Grenzen von Rasse, Religion und Nation überwanden. Der Ruhm dieses Kosmopoliten gründete sich allein auf seine intellektuelle Arbeit. Er war ein bedeutender literarischer Theoretiker des Pazifismus, der schon 1515 den bedenkenswerten Satz formulierte: «dulce bellum inexpertis» [nur denen, die ihn nicht am eigenen Leib erfahren haben, scheint der Krieg schön]. Ein Satz, der dem Pazifisten Zweig aus dem Herzen gesprochen war. Erasmus warf der Kirche vor, sie habe die Idee des «christlichen Weltfriedens» um ihrer eigenen Macht willen verraten. Zweig beschönigte nicht die problematischen Seiten an seinem Vorbild, und indem er Kritik übte an Erasmus, machte er sich selbst und seinen Lesern auch die Grenzen seines eigenen Humanismus und seines eigenen Wesens deutlich. Bei aller Sympathie verkennt der Verfasser keineswegs, daß Erasmus eher ein weiter als ein tiefer Geist war. Seine Wahrheiten waren keine originalen, produktiven Einsichten in das Wesen der Wirklichkeit, sie richteten sich eher auf das Klare und Richtige. Als Schriftsteller hatte er eine weitreichende Wirkung, er war eine europäische Institution. Allerdings machte er von seinen Einflußmöglichkeiten nur vorsichtigen Gebrauch. Ähnlich wie Zweig haßte er es, sich festzulegen, auch sein Lieblingsplatz war «über dem Getümmel». So nimmt es nicht wunder, daß der spätmittelalterliche Gelehrte als unabhängiger Philosoph die Tagespolitik verachtete. Wie viele andere Humanisten seiner Zeit ignorierte auch er die Beziehung zwischen Individuum und Volk. Als Aufklärer, der zu ausschließlich auf die Kraft der Vernunft vertraute, wollte er von den irrationalen Leidenschaften der Menschen, ihrem Trieb nach Haß und Gewalt nichts wissen. So stand er auch den zerstörerischen Kräften, die den humanistischen Traum von der friedlichen Weltkultur schließlich scheitern ließen, hilflos gegenüber. Erasmus war kein Tatmensch, kein Held, kein Volksführer; er versagte, als er seiner Mittlerrolle auf den Reichstagen von Worms und Augsburg auswich: *Wo aber ist Erasmus in dieser Stunde? Er ist, dies seine tragische Schuld, in einem welthistorischen Augenblick in seiner Studierstube geblieben.*[161] Er versagte auch, als er den schwerkranken Ulrich von Hutten nicht in seine Baseler Wohnung aufnahm.[162] Das hat Zweig unmißverständlich festgestellt. Es kann also keine Rede davon sein, daß er die Schwächen des Humanisten idealisiert habe, wie Georg Lukács behauptete.[163]

Der Gegner des Erasmus, Martin Luther, wird nicht als Lehrer der Heiligen Schrift, als großer Theologe und religiöses Genie porträtiert. In Zweigs Darstellung ist auch von dem Meister der deutschen Sprache, dem Mann, der selbstquälerisch um die Rechtfertigung rang und der ursprünglich nur die alte Kirche reformieren und keine neue Glaubensgemeinschaft begründen wollte, wenig die Rede. Martin Luther, der welthistorische Gegenspieler des konzilianten, ängstlichen Gelehrten und *Geistmenschen*, war ein vitaler Organisator, ein Revolutionär, ein dämonisch Getriebener, ein genialer Mann, so charakterisierte ihn Zweig, aber *von allen genialen Menschen, welche die Erde getragen, war Luther vielleicht der fanatischeste, der unbelehrbarste, unfügsamste und unfriedsamste*[164]. Sicher ein historisch fragwürdiges Urteil, das wohl deswegen so einseitig ausfallen mußte, weil Zweig durch den Gegensatz zwischen Erasmus und Luther einen aktuellen Bezug herstellen wollte zum Kampf der *humanen Deutschen* gegen Hitler.[165] Die Auseinandersetzung zwischen dem Weltbürger Erasmus und dem angeblichen Exponenten des *Nationalismus*[166] wird als Kampf zweier gegensätzlicher Weltanschauungen dargestellt. Während das Porträt des Erasmus historisch fundiert und einfühlsam gestaltet ist, zeigt die Charakterisierung des Reformators, daß der Autor hier die genetische Geschichtsbetrachtung, die schon Herder forderte, ganz bewußt außer acht ließ. Es war nicht seine Absicht, Luther aus seiner Zeit heraus zu verstehen, ebensowenig wie später Calvin, sondern diese beiden historischen Persönlichkeiten werden bei ihm zu Symbolen der inhumanen, fanatischen Diktatur des 20. Jahrhunderts. Aus diesem Grund hebt der Verfasser auch bei der Gestalt Calvins (*Castellio gegen Calvin oder Ein Gewissen gegen die Gewalt*) hauptsächlich einen bestimmten Aspekt hervor und enthüllt Calvins Schuld, die er zweifellos auf sich lud. Aber Calvin war nicht nur ein Zuchtmeister mit der eisernen Rute, ein finsterer Zelot, ein Fanatiker mit blutverschmierten Händen. Er war der anerkannte Reformator Westeuropas, der die Einheit aller Reformierten begründete. Als Ökumeniker suchte er die Einheit mit den Lutheranern und selbst mit Rom. Als universaler Geist trug er bei zur Entwicklung der modernen Welt und zur Entstehung der modernen Demokratie. Zweig ordnete seine Darstellung einem ganz bestimmten Ziel unter, der Verbreitung seiner literarisch verkleideten Anklage gegen die Versklavung des freien Geistes im nationalsozialistischen Deutschland.

Während er mit *Erasmus* nach seinen eigenen Worten *etwas inneres Schicksal in einen Spiegel* warf[167], schilderte er in der Figur des Castellio nicht den Menschen, der er selbst war, sondern den Mann, ... *der ich sein möchte*[168]. Im Gegensatz zu Erasmus war Sebastian Castellio (1515–63) ein bettelarmer, fast unbekannter Gelehrter, ein Emigrant, der den heldenhaften Mut hatte, dem *Tyrannen* Calvin entgegenzutreten. Er war ganz und gar nicht neutral, er lavierte und taktierte auch nicht, sondern er ergriff mannhaft Partei. Er wagte sein Leben, indem er Calvin im Namen von Menschlichkeit und Recht als Mörder des Michael Servet anklagte. Auf Geheiß Calvins war Servet 1553 in Genf als Gotteslästerer verbrannt worden. Castellio, der entschlossen der Stimme seines Gewissens folgt, trifft auf Calvin, den fanatischen Rechthaber, den Unterdrücker der Gewissensfreiheit, den autoritären Ideologen. Durch die Macht des *Terrors* regierte er seinen Genfer Gottesstaat und unternahm den ersten Versuch, *einer völligen Gleichschaltung eines ganzen Volkes*[169]. Begriffe wie *Ideologie*, *totalitär*, *Gleichschaltung*, *Diktatur* rücken Calvin – nicht ohne eine gewisse Gewaltsamkeit – in die Nähe des nationalsozialistischen Führers.

Interessant ist Zweigs Versuch, die psychologischen Wurzeln der modernen Diktatur zu analysieren. Nach seiner Meinung gründet sich die Herrschaft der Diktatoren auf die Sehnsucht der Menschen nach einem unproblematischen und unkomplizierten Dasein. Ein *Volkserlöser* macht sich diese Sehnsucht zunutze, indem er den latenten Idealismus der Massen durch eine neue Ideologie aktiviert, so lange bis die Menschen ihre Freiheit mit Lust aufgeben. Dann aber wird Idealität zur Brutalität und *Majorität in Totalität* verwandelt.[170]

Stefan Zweigs *Castellio* wurde als Solidaritätserklärung für den antifaschistischen Kampf verstanden. «Ich freue mich», schrieb Lion Feuchtwanger dem Verfasser, «daß Sie sich so unmißverständlich auf unsere Seite gestellt haben.»[171]

Die Jahre vor dem Ausbruch des Zweiten Weltkriegs benützte Zweig, um noch einmal ausgedehnte Reisen zu unternehmen. Eine erste Vortragsreise führte ihn nach Südamerika, Reisen nach Paris, nach Salzburg und Wien folgten. In Paris besuchte er den Arzt und emigrierten Schriftsteller Ernst Weiß, der in bitterer Armut in einer Dachkammer hauste, ließ sich aus dessen neuem Roman vorlesen und schenkte ihm spontan 8000 Francs. In Nizza traf er Joseph Roth, dessen Romane «Hiob» und «Radetzkymarsch» er weit über seine eigenen Werke stellte, und kümmerte sich fürsorglich um den ständig Gefährdeten, dem er – vergeblich – das exzessive Schnapstrinken auszureden versuchte. Wie ein Verleger zahlte er seinen beiden Freunden und Schriftstellerkollegen Ernst Weiß und Joseph Roth, die große materielle Sorgen hatten, regelmäßig Monatsrenten und unterstützte viele andere Bekannte, von denen er erfuhr, daß sie in Not waren und dringend Hilfe brauchten. Zweig war nicht nur ein Theoretiker des Humanismus, sondern er war mehr: ein guter und hilfreicher Mensch. «Er hat vielen Menschen buchstäblich das Leben gerettet», sagte Hermann Kesten von ihm.[172]

Der Aufenthalt in Nizza im Herbst 1934 wurde für Zweig noch in anderer Weise bedeutsam. Friderike war ihm an die Riviera gefolgt, und er war mit seiner Sekretärin aus England angereist. In London hatte er sich eine möblierte Wohnung gemietet (Portland Place 11), die er bis Dezember 1935 benutzte. Nach den Aufregungen und Schwierigkeiten, die ihm das Leben in Salzburg verleidet hatten, genoß er den Aufenthalt in England. Er schätzte die Kühle und Distanziertheit der Engländer, die das Privatleben ihrer Mitmenschen so peinlich respektierten, und die Möglichkeit zu ungestörter Arbeit in den englischen Bibliotheken. Die Verbindung nach Salzburg war damals noch nicht abgerissen. Gelegentlich besuchte er dort Friderike und die Stieftöchter, die jetzt das schöne Haus am Kapuzinerberg allein bewohnten. Seine Frau, die ihn immer wieder in London besuchte, war auch weiterhin um sein Wohlergehen besorgt. Da er für seine umfangreiche schriftstellerische Arbeit dringend eine Sekretärin suchte, engagierte sie für ihn eine junge Dame namens Lotte Altmann, die sie

Lotte Altmann

selbst bei der jüdischen Flüchtlingsorganisation Woburnhouse auswählte. Lotte, Tochter eines Eisenhändlers aus Kattowitz, Enkelin eines Rabbiners, wurde als gebildet, taktvoll, schweigsam und tüchtig beschrieben. Sie war Zweig – im Gegensatz zu Friderike – völlig ergeben. Verständlicherweise sah Friderike ihre spätere Konkurrentin mit schärferen Augen. Für sie war Lotte eine «unjugendliche» Person, außerordentlich gesetzt, melancholisch und ernst, unselbständig und verschüchtert. Sie verfehlte auch nicht, auf die «Gebrechlichkeit» des asthmakranken Mädchens gebührend hinzuweisen. Sie behauptete sogar, Lotte Altmann sei das biographische Modell gewesen für die Figur der gelähmten Edith von Kekesfalva. «Dieses Leiden eines jungen Mädchens hat zweifellos Stefan Zweig drei Jahre später zu dem Roman *Ungeduld des Herzens* inspiriert, in dem ein unfreiwilliger Liebhaber zwischen Mitleid und Abwehr schwankt und durch seine Unschlüssigkeit schließlich den Selbstmord der jungen Kranken mitverschuldet.»[173]

Vermutlich waren es ganz andere Gefühle als Mitleid und noch viel weniger Abwehr, die Zweig zu einem werbenden Brief an seine Sekretärin inspirierten, den er an Bord der Fähre Folkestone–Boulogne schrieb: *Es ist nicht so leicht wie Sie als junges Mädchen meinen, jemanden zu finden, der mit solcher Hingabefähigkeit Wünsche versteht und sogar errät; mir ist es immer ein Angstgefühl, als sei ich zu alt, zu zeitfremd, um von einem jungen Menschen ein wirkliches Eingehen erhoffen oder gar verlangen zu können ...*[174]

In Nizza lebte man einen Monat zu dritt zusammen, Stefan, Lotte und Friderike, und es zeigte sich bald, daß Lotte Altmann Wünsche tatsächlich verstehen und erraten konnte. Als Friderike einmal zu einem ebenso unerwarteten wie unpassenden Zeitpunkt in ihr gemeinsames Hotel zurückkehrte, fand sie ihren Mann und seine sechsundzwanzigjährige Sekretärin in inniger Umarmung. «Nie habe ich ein menschliches Wesen so bestürzt gesehen», schrieb Friderike in ihren Erinnerungen, «wie dieses aus einer tiefen Benommenheit aufgescheuchte junge Mädchen.»[175] Zweig versprach, seine Beziehung zu Lotte Altmann abzubrechen, aber er konnte oder wollte sein Versprechen nicht halten. Gereizte Briefe wurden zwischen London und Salzburg gewechselt. Barsch antwortete Stefan auf die Vorwürfe seiner Frau, sie bekomme ihn kaum mehr zu Gesicht: *Lasse das Rechenbuch, wie viel Wochen und Monate wir in diesem Jahr und jenem Jahr beisammen waren, unaufgeschlagen. Gegen meine Entschlossenheit, Arbeit und Freiheit zu verteidigen, ist es besser, nichts zu beginnen und die Disposition friedlich mir zu überlassen.*[176] Inzwischen war eine neue Biographie Zweigs erschienen: *Maria Stuart*. Eigentlich wollte er sich nicht mehr mit dem Schreiben von Biographien befassen. Da entdeckte er zufällig im Schauraum des Britischen Museums einige zeitgenössische Urkunden über die Hinrichtung der Schottenkönigin. Wieder einmal war seine Neugierde erwacht, und er begann die Quellen zu studieren, um herauszufinden, was für ein Mensch Maria Stuart wirklich gewesen war und worin ihr Verhängnis und ihre Schuld bestanden. Welche Rolle spielte Maria Stuart bei der Ermordung ihres zweiten Mannes Henry Darnley? Warum hat sie seinen Mörder geheiratet? Was wußte sie von der Babington-Verschwörung gegen das Leben der Königin Elizabeth? Auf diese zentralen Fragen geben die vorliegenden historischen Quellen keine eindeutigen Antworten. Aber der Verfasser einer «biographie romancée» kann wohl nicht umhin, gewisse umstrittene Fakten als gesichert vorauszusetzen; er muß sich zu einer bestimmten Version entschließen. Zweig betrachtet Maria Stuart keineswegs als unschuldig, aber er versucht Verständnis zu wecken für eine kühne Frau, die sich zwar ihrer königlichen Berufung bewußt blieb, deren Taten und deren Untaten aber allein einer heroischen Liebesleidenschaft entsprangen, der sie sich ohne Rücksicht auf die Folgen hingab.

Im gleichen Jahr konnte Zweig eine ganz andersartige Arbeit abschließen, die ihm viel Freude gemacht hatte. Der Komponist Richard Strauss suchte seit längerer Zeit nach einem Libretto für eine komische Oper. Der jahrelangen fruchtbaren Zusammenarbeit mit Hofmannsthal («Elektra», «Der Rosenkavalier», «Ariadne auf Naxos», «Die Frau ohne Schatten», «Die ägyptische Helena», «Arabella») hatte der Tod des Dichters im Jahre 1929 ein Ende gesetzt. Strauss bat Zweig um ein Exposé, und als er den Entwurf gelesen hatte, war er begeistert: «... er ist entzückend – die geborene komische Oper – eine Lustspielidee, den besten ihrer Art an die Seite zu stellen.»[177] Das Libretto der pointenreichen Buffo-Oper *Die schweigsame Frau* geht auf die Komödie «Epicoene or The Silent Woman» von Ben Jonson zurück. Die Zentralfigur, Morosus, ein ehemaliger Admiral, der seit einer Pulverexplosion auf seinem Schiff an einer extremen Lärmempfindlichkeit leidet, ist ein ironisches Selbstporträt Zweigs. Wie dieser sucht Morosus, das heißt der «Grämliche», nach geschützter Stille, nach innerem Frieden. Morosus beschließt, seinen Neffen, der ihm als Sänger und Ehemann einer Sängerin zu viel Lärm macht, zu enterben und sich selbst mit einer möglichst stillen Frau zu verheiraten. Die schweigsame Aminta, die in Wirklichkeit die Frau des Neffen ist, entpuppt sich als Megäre, so daß Morosus froh ist, als ihm der Neffe die lärmende Person wieder abnimmt. Nach vielen heiteren Verwicklungen wird der Misanthrop Morosus am Ende zu einem umgänglichen Menschenfreund.

Die Premiere der Oper *Die schweigsame Frau* fand am 24. Juni 1935 in Dresden statt. Der Intendant der Dresdener Oper hatte kurz vorher noch versucht, den Namen des jüdischen Textdichters auf Plakaten und Programmheften zu unterdrücken, aber Richard Strauss protestierte dagegen mit bajuwarischer Grobheit. Die Aufführung unter der musikalischen Leitung von Karl Böhm war ein Erfolg; sie mußte aber nach drei Vorstellungen auf Druck der Partei abgesetzt werden. Ein mutiger Musikkritiker wagte es sogar, mit einer listigen Anspielung auf den Verfasser des Librettos aufmerksam zu machen. Er schrieb: «Der Text war von einem Mitglied jenes Zweigs der deutschen Literatur verfaßt, der jetzt nicht mehr genannt werden soll.»[178] Strauss wollte die erfolgreiche Zusammenarbeit mit Zweig unbedingt fortsetzen, aber dieser befürchtete weitere Schwierigkeiten unter dem antisemitischen Regime und schlug einen «arischen» Dichter als seinen Nachfolger vor. Der Komponist, der die absurde Unterteilung der Menschen in Arier und Nichtarier strikt ablehnte, schrieb ihm deswegen einen zornigen Brief: «Ihr Brief vom 15. bringt mich zur Verzweiflung! Dieser jüdische Eigensinn! ... Dieser Rassestolz, dieses Solidaritätsgefühl ... Glauben Sie, daß ich jemals aus dem Gedanken, daß ich Germane ... bin, bei irgendeiner Handlung mich habe leiten lassen? ... Für mich gibt es nur zwei Kategorien Menschen: solche

London, Portland Place 11 – Zweigs Wohnung bis 1935

die Talent haben und solche die keins haben, und für mich existiert das Volk in dem Moment, wo es Publikum wird. Ob dasselbe aus Chinesen, Oberbayern, Neuseeländern oder Berlinern besteht, ist mir ganz gleichgültig, wenn die Leute nur den vollen Kassenpreis bezahlt haben.»[179] Das Schreiben erreichte Stefan Zweig, für den es bestimmt war, nicht, aber dafür durch die freundliche Vermittlung der Geheimen Staatspolizei Dresden jemanden, für den es nicht bestimmt war, nämlich Adolf Hitler. Der sächsische Reichsstatthalter Martin Mutschmann schickte unter dem Datum des 1. Juli 1935 eine Fotokopie an Hitler: «Mein Führer! Dem Geheimen Staatspolizeiamt in Sachsen fiel der in der Anlage mitfolgende photokopierte Brief des Herrn Dr. Strauss an den Juden Stefan Zweig in die Hände, den ich zur gefälligen Kenntnisnahme beifüge.»[180] Die Folge: Strauss mußte als Präsident der Reichsmusikkammer mit Rücksicht auf seine «erschütterte Gesundheit» zurücktreten.

Natürlich war Zweig nicht zur Premiere nach Dresden gefahren. Er war in London geblieben, weil er mit Recht befürchten mußte, seine Anwesenheit könnte als Konzession an den Nationalsozialismus mißverstanden

werden. Aus Deutschland und Österreich kamen deprimierende Nachrichten. Bedrohte Juden, die nach England emigrieren wollten, baten ihn brieflich um Vermittlung von Aufenthaltserlaubnis und Arbeitsplatz. Zweig versuchte zu helfen, wo er konnte, manchmal bis zur Grenze seiner psychischen und physischen Leistungsfähigkeit. Die Zeitungen berichteten von den eskalierenden Maßnahmen gegen die Juden in Deutschland. Schon im März 1933 hatte die Parteileitung der NSDAP zum Boykott jüdischer Geschäfte, jüdischer Ärzte und Anwälte aufgerufen. Zwei Jahre später machten die Nürnberger Gesetze die Juden zu Staatsbürgern minderen Rechts und verboten die Eheschließung zwischen Deutschen und Juden. Klarer als viele seiner Freunde, die ihn als den alten «Jeremias» belächelten, erkannte Zweig, daß Hitler von Anfang an zu einem großen Krieg entschlossen war. Wie immer flüchtete der dünnhäutige, verletzliche Mann aus seinen schweren Depressionen, für die er die bedrohliche internationale Lage, seine Ehekrise, aber auch seine *schwarze*

Leber verantwortlich machte, in die geliebte Arbeit. Sie war für ihn *Chloroform*[181], *mein Universalmittel gegen alle äußeren und inneren Düsterheiten*[182]. Jetzt wandte er sich wieder einer dichterischen Prosaarbeit zu und begann mit der Arbeit an einer eindrucksvollen biblischen Legende in fremdartig-feierlichem Stil *Der begrabene Leuchter*, die im 5./6. Jahrhundert n. Chr. spielt. Das Schicksal der Menorah, des siebenarmigen Leuchter Mosis, steht im Mittelpunkt des Geschehens. Dieses heilige Symbol des unsichtbaren Gottes, das zugleich ein Sinnbild jüdischer Gemeinschaft ist, wurde einstmals von Titus aus dem Tempel in Jerusalem geraubt, nach Rom gebracht und später nach Byzanz verschleppt. Dem Juden Benjamin gelingt es durch List und Klugheit, den Leuchter nach Jerusalem zurückzubringen. Dort begraben ihn die Juden an einem geheimen, geschützten Ort. Er soll in der Erde ruhen bis zu dem Tag, *da sein Volk sich wieder findet*. Wenn das auserwählte Volk wieder in seine Heimat zurückgekehrt sein wird, dann wird er *dem befriedeten leuchten im Tempel des Friedens*.[183] Vergleicht man diese Legende mit dem biblischen Drama *Jeremias* und mit den früheren Äußerungen des Verfassers zum Judentum, dann zeigt sich eine bedeutsame Veränderung in seiner Hal-

Mit Lotte Altmann und Erich Ebermayer, Pontresina im Juli 1935

tung. Unter dem Eindruck der Judenverfolgung im Deutschland Hitlers scheint er sich jetzt den Vorstellungen Theodor Herzls und der zionistischen Bewegung zu nähern. Die rettende Rückkehr in das Heilige Land steht am Ende einer jahrhundertelangen, leidvollen Wanderung durch fremde Länder. Zweig, der sich dem Schicksal seines Volkes eng verbunden fühlte, gibt der Hoffnung Ausdruck auf die Heimkehr der gequälten und unterdrückten Juden aus der Diaspora in das Land ihrer Väter.

Außer der Arbeit gab es noch ein anderes, oft bewährtes Mittel, das Zweig aus seinen melancholischen Stimmungen reißen konnte, das Reisen. Da traf es sich gut, daß ihn die Regierung Brasiliens und der internationale PEN-Club zu einem Besuch Brasiliens und zum PEN-Kongreß nach Buenos Aires einluden. Hocherfreut nahm Zweig die Einladung an, *für mich persönlich war diese Reise nach Brasilien geradezu eine Seelenkur*[184].

Am 7. August 1936 ging er in Southampton an Bord der «Alcantara», die Kurs auf Rio de Janeiro nahm. Die erste Zwischenstation war Vigo in Spanien. Im Juli war der Spanische Bürgerkrieg ausgebrochen, und Zweig nahm die Gelegenheit wahr, bei einem Landgang die Kriegsvorbereitungen der Franco-Leute zu beobachten. Was er dort sah, so betonte er in seiner Autobiographie, gab ihm *Anlaß zu bedrückenden Gedanken*[185]. Seinem Tagebuch aber vertraute er an: *10. August Mo 1936. Ungemein interessanter Tag.*[186] In den Straßen der Stadt drängten sich faschistische Milizionäre. In ihrer Disziplin wirkten sie auf ihn geradezu *deutsch*. Jungen mit den roten Abzeichen der Faschisten hantierten mit ihren Pistolen. Freiwillige, darunter *bildhübsche Burschen*, warteten vor dem Bürgermeisteramt. Aber trotz Revolution ging das Leben seinen gewohnten Gang. Frauen *von griechischem Wuchs* und *Murillokinder frech und hübsch* erfreuten das Auge des Beobachters. Nichts von Bedrückung und Vorahnung kommender Katastrophen. Der Reisende hatte es sich offensichtlich vorgenommen, die politischen Sorgen und Befürchtungen zu verdrängen, der europäischen Misere zu entfliehen und jeden Sonnenuntergang zu einer Morgenröte umzudeuten. Es war ihm, als ob sich die stinkenden Kloaken wenigstens für die Zeit seiner Reise geschlossen hätten. Kassandra hatte Urlaub genommen.

Am 21. August fuhr die «Alcantara» in den Hafen von Rio de Janeiro ein. Unmerklich veränderte sich die Luft, sie wurde feucht und süß; man roch den Duft des Landes. Eine Bergkette und zahlreiche felsige Inseln tauchten aus dem Dunst auf. Die lieblich aufgefächerte Stadt mit den schönen Buchten und weichen Farben, Palmenhaine, Häuser und Gärten wurden sichtbar, und dann erhob sich, vom Nebel leicht verschleiert, der Zuckerhut, das Wahrzeichen Rios. Beinahe wie ein Staatsoberhaupt wurde der berühmte Gast, der Großmeister der deutschsprachigen Literatur und Statthalter des europäischen Geistes, empfangen. Drei Herren des Ministeriums und der österreichische Geschäftsträger hießen ihn will-

An Bord der «Alcantara»

kommen, und an allen Orten warteten Journalisten und Fotografen auf ihn. Von seiner Suite im «Copacabana Palace Hotel» konnte er den Strand und das grün leuchtende Meer sehen. Geduldig ließ sich Zweig immer wieder fotografieren, gab Interviews, lernte seinen brasilianischen

Die Favelas in Rio

Verleger Abrão Koogan kennen und stellte mit Genugtuung fest, daß seine Bücher in diesem Land von vielen Menschen gelesen wurden, von den Einflußreichen ebenso wie von den einfachen Leuten. Zu einem offiziellen Empfang im «Jockey Club» versammelten sich 60 Personen, *darunter bezaubernd schöne Frauen*[187]. Auch mit dem Diktator Getúlio Vargas, einem kleinen, beweglichen Mann mit wachen Augen, traf er zusammen. *Er sagt mir die freundlichsten Dinge über die Popularität meiner Arbeiten, erzählt von den Möglichkeiten Brasiliens.*[188]

Von Brasilien war Zweig verzaubert. Hier glaubte er eine Art konkreter Utopie verwirklicht, nämlich das friedliche Zusammenleben verschiedener Rassen im Verband einer einzigen Nation, ohne jede Rassen- oder Klassengegensätze. Jetzt erkannte er, daß es nicht mehr genügte, wenn man nur europäisch dachte und überall den europäischen Maßstab anlegte. Dieses südamerikanische Land erschien ihm als zukunftsweisendes Modell für die geistige und kulturelle Gemeinschaft aller Menschen. Durch den herzlichen Empfang, durch die überwältigende Gastfreundschaft der Menschen und die vielen Zeichen des Respekts und der Wertschätzung, die ihm entgegengebracht wurden, steigerte sich Zweigs Sympathie für Brasilien zu einem Enthusiasmus, der überall nur Schönes und Erfreuliches sah. Der europamüde Gast, der so sehnsüchtig nach den positiven Seiten der Dinge Ausschau hielt, hatte bei seinem ersten und auch bei seinem zweiten Aufenthalt in Brasilien keinen Blick für die soziale und politische Wirklichkeit des scheinbar so paradiesischen Landes. Immerhin hatte der Diktator Vargas einen kommunistischen Aufstand blutig niedergeschlagen und erbarmungslos verfolgte er die Mitglieder der Nationalen Allianz, Liberale, Sozialisten, Kommunisten, mit Gefängnishaft, Folter und Deportation. Nach dem Vorbild Mussolinis errichtete er 1937 den «Estado Nuovo», eine straffe Diktatur unter seiner unangefochtenen Führung.[189]

Bei einer Lesung des Schriftstellers, die in einem großen, überfüllten Saal stattfand, erhob sich das Publikum, ungefähr 2000 Menschen, zu Ehren Stefan Zweigs. Der so eindrucksvoll Gefeierte geriet aus Verlegenheit ins Schwitzen, aber er genoß die großartige Ehrung. Kein Wunder, daß ihm in diesem Garten Eden keinerlei Zweifel kamen. Selbst den berüchtigten Slums, den «favelas», wo die Ärmsten ohne Wasser und Kanalisa-

1936 in Rio nach einem Essen mit dem brasilianischen Außenminister

tion ein menschenunwürdiges, elendes Leben fristen müssen, gewann er noch eine tröstliche Seite ab: *... man versteht, daß sie lieber unbewacht und unter sich in diesen ... Häusern wohnen als in den dumpfen Mietwohnungen.*[190] Er ästhetisierte und harmonisierte das soziale Elend und die politischen Mißstände. In São Paulo konnte er das große Gefängnis besichtigen. Natürlich bewunderte er die großartige Organisation und das humane Klima. 1500 Gefangene, darunter Räuber, Mörder und Kinderschänder, waren zu seinem Empfang im Gefängnishof angetreten und zum erstenmal in seinem Leben erklang, gespielt von 30 gefangenen Musikern, ihm zu Ehren die österreichische Nationalhymne.

Diese Erlebnisse machten einen viel größeren Eindruck auf ihn als der PEN-Kongreß in Buenos Aires. Zusammen mit Georges Duhamel und Emil Ludwig fuhr er mit einem Schiff von Brasilien nach Argentinien. Auf dem Kongreß, den er abschätzig als *Jahrmarkt der Eitelkeiten* bezeichnete, hielt er sich weitgehend im Hintergrund. Nur ein einziges Mal ergriff er das Wort zu einer kleinen Rede. Im privaten Kreis las er zugunsten der Flüchtlinge aus Deutschland aus seiner Legende *Der begrabene Leuchter*.

Nach seiner Rückkehr im Oktober 1936 holte ihn die unerfreuliche Realität wieder ein. Friderike hatte ihm geholfen, seine neue Wohnung in London, Hallam Street 49, einzurichten. Bei einer Aussprache bestand sie energisch darauf, daß er seine Sekretärin endlich entlasse. Dazu war Zweig nicht bereit. Die Spannungen wuchsen. Die Selbständigkeit seiner Frau, ihr kritisches Urteil störten ihn immer mehr. Immer stärker fühlte er sich durch Friderikes Geschäftigkeit und ihren nimmermüden Tatendrang in seinem eigenen Streben nach Unabhängigkeit beeinträchtigt und in seiner täglichen Arbeit behindert. Auch zu seinen Stieftöchtern, die zu seiner Enttäuschung keine besonderen geistigen Interessen zeigten, wollte sich kein herzliches Verhältnis einstellen. Dazu kam, daß Zweig eine fast pathologische Angst vor dem Älterwerden hatte. Jetzt, mit 55 Jahren, glaubte er noch eine letzte Chance zu haben, ein neues Leben mit einer jungen Frau zu beginnen, die bereit war, sich ganz nach den Wünschen *Stefan Paschas* zu richten. So entschloß er sich, alle Brücken in die Vergangenheit abrupt abzubrechen. Er beauftragte Friderike, die von diesem Vorschlag verständlicherweise wenig begeistert war, das Haus am Kapuzinerberg so rasch wie möglich und ohne Rücksicht auf finanzielle Verluste zu verkaufen. Er selbst veräußerte einige Autographen an einen Sammler und schenkte einen anderen Teil der Wiener Nationalbibliothek. Eine Auswahl seiner Briefe zeitgenössischer Autoren gelangte in den Besitz der Bibliothek in Jerusalem. Im Mai 1937 kehrte Zweig für kurze Zeit nach Österreich zurück. Stefan und Friderike kamen überein, sich zu trennen. Von Wien aus schrieb er Friderike einen melancholischen Abschiedsbrief, der in manchen Passagen so wirkt, als ob er seinen Entschluß fast schon bereue: *Liebe Fritzi, ich möchte nicht, daß Du glaubst, es*

Zweig-Karikatur, um 1937

sei dies eine frohe Stunde für mich gewesen – im Gegenteil, ich schreibe Dir das in der Nacht, schlaflos und voll Gedanken an die vergangene gute Zeit. Wir haben beide Fehler gemacht und ich wollte, es wäre anders gekommen – bei Gott, ich spüre im Herzen nichts als Traurigkeit über diesen äußeren Abschied, der innerlich keiner für mich ist...[191] Er sollte recht behalten, es war kein Abschied für immer. Trotz der offiziellen Scheidung, die ein Jahr später ausgesprochen wurde, blieb die Beziehung zwischen Zweig und seiner ersten Frau herzlich und freundschaftlich.

Schon auf seiner Reise nach Brasilien hatte er mit dem Gedanken gespielt, eine Biographie über den Mann zu verfassen, der seinen Namen durch die erste Weltumseglung unsterblich gemacht hatte. 1938 erschien das Buch unter dem Titel *Magellan. Der Mann und seine Tat*. Magellan gehörte nach Zweigs Auffassung zu jenen friedlichen Heroen im Dienst der ganzen Menschheit, zu den *unfanatischen*, humanen Pionieren. Von Magellan war damals noch wenig bekannt, und der Biograph wollte diesem tapferen Mann Gerechtigkeit widerfahren lassen. Sein Reisebericht ist eine spannend geschriebene Darstellung. Ein besonders eindringliches «tableau» ist die Schilderung der Durchfahrt durch die später so genannte Magellan-Straße. Der Leser erlebt die Schwierigkeiten der tagelangen Suche nach dem freien Meer, die Hoffnung und die Verzweiflung der Seeleute vom Standpunkt des Helden aus. Spannungssteigernd wirkt ein bewährter Kunstgriff des Autors, der in dieser Szene den Ausgang des gefährlichen Unternehmens in der Schwebe hält, weil der Erzähler dem Erzählten nicht voraus ist. Ähnlich wie die Reise nach Südamerika war auch Zweigs erneute Hinwendung zur *Biographienfabrikation*[192] im Grunde eine kaum verschleierte Flucht aus der Gegenwart, ein Ausweichen vor der Beschäftigung mit den fatalen Ereignissen in Europa, die auch das politische Tagesgespräch in England bestimmten. Im Februar 1938 zwang Hitlers Ultimatum den österreichischen Bundeskanzler Schuschnigg zum Rücktritt und schom am 12. März marschierte die deutsche Wehrmacht in Österreich ein. Hitler verkündete den Anschluß des Landes an das Deutsche Reich. Zweig war von den Vorgängen tief getroffen und innerlich verstört, er beklagte den endgültigen Verlust seiner österreichischen Heimat. Bisher war er nur eine Art Halbexilant gewesen, denn er konnte nach Salzburg oder Wien fahren, wann immer er wollte, jetzt trug er sehr schwer am Schicksal eines Emigranten. Zwar hatte er in seiner Biographie *Fouché den Hymnus des Exils*, der *schicksalsschöpferischen Macht, die im Sturz den Menschen erhöht, im harten Zwange der Einsamkeit neu und in anderer Ordnung die erschütterten Kräfte der Seele sammelt*[193] in feierlicher Tonart besungen, aber die Wirklichkeit sah anders aus. Die Emigration empfand er nun als *eine Art von Gleichgewichtsstörung*[194], als einen bedrohlichen Identitätsverlust.

Der einzige Roman – eigentlich handelt es sich eher um eine große Novelle –, der zu Lebzeiten des Verfassers erschien, *Ungeduld des Herzens*, ist eine nostalgische Huldigung an die versunkene Welt der k. u. k. Monarchie. Stefan Zweig wollte aber kein Gesamtbild des alten Österreich entwerfen, sondern ihn interessierte die Psychologie eines typischen Österreichers. Hofmiller, der hochdekorierte «Held», ist eigentlich ein Nicht-Held. Er rettet sich in die kriegerische Tapferkeit, um seiner unheilvollen Vergangenheit zu entfliehen. Am Beispiel dieses Offiziers soll gezeigt werden, daß Heldentaten oft aus Eitelkeit, aus Konformismus, aus Furcht vor der Außenseiterrolle erwachsen. Hofmiller wird sympathisch «österreichisch» gezeichnet. Er ist höflich, verbindlich, nachgiebig; er wirkt gesellig und lebensfroh, ist aber im Kern seines Wesens labil und depressiv. Der junge Leutnant bemüht sich, ein guter Mensch zu sein, aber, das zeigt sich in seinem Verhältnis zu Edith von Kekesfalva, in seiner Schwäche und in seinem Wankelmut ist er nicht gut, sondern nur gut-

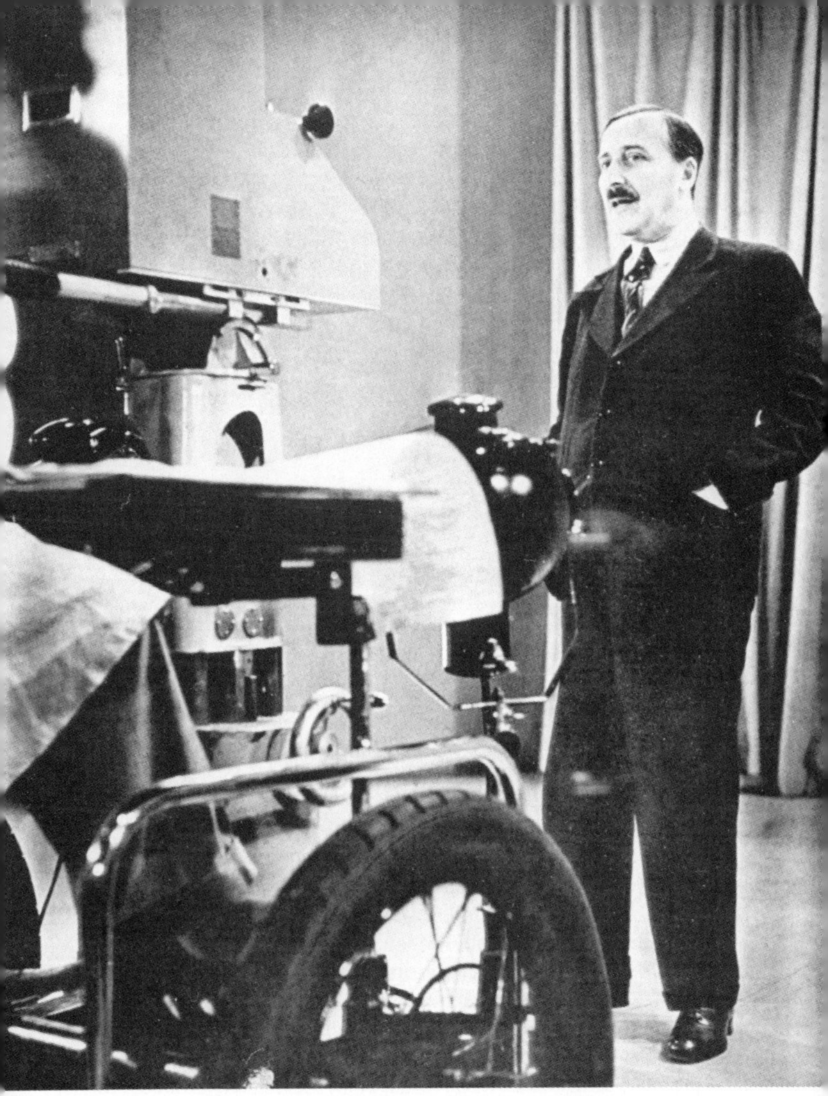

Bei einer Fernsehaufnahme in England, 1937

mütig. Das gelähmte Mädchen – und darin wurzelt ihre persönliche Tragödie, die sie bis zum Selbstmord treibt – mißversteht sein Mitleid als Liebe. Der Autor unterscheidet Hofmillers schwächliches, sentimentales Mitleid, das sich vom Unglück des Nächsten möglichst rasch zu distanzieren sucht, und das eigentlich nur *Ungeduld des Herzens* ist, von einem

Balzac. Zeichnung von David d'Angers

echten, schöpferischen Mitleiden. Diese Haltung verkörpert Hofmillers Gegentypus, der Arzt Dr. Condor, der sich in tatkräftiger, mitduldender Liebe aufopfert für seine Mitmenschen.

In London hatte Zweig auch die Vorarbeiten zu einem Thema wiederaufgenommen, das ihn noch Jahre beschäftigen sollte, ohne daß er das Buchmanuskript zu seinen Lebzeiten abschließen konnte: Das Leben Balzacs. Schon 1907 hatte er den Insel Verlag wegen der Edition einer fünfzehnbändigen Balzac-Ausgabe beraten. Zu Lothar Brieger-Wasservogels Buchreihe «Aus der Gedankenwelt großer Geister» (1908) steuerte er einen Essay über den Romancier bei, zwölf Jahre später wurde er wiederabgedruckt in Zweigs Sammelband *Drei Meister*, und nun wollte er seine jahrelangen intensiven Studien abschließen und eine gewichtige literarische Biographie vorlegen, die sein Hauptwerk werden sollte. Nach dem Tod des Verfassers ergänzte Richard Friedenthal auf Grund von Zweigs Rohentwurf den letzten Teil des Werks, das erst 1946 erschien.

Balzacs Schwächen – sein lächerlicher Snobismus, seine glühende Verehrung des Adels, sein sozialer Aufstiegswillen um fast jeden Preis – hat Zweig nicht beschönigt. Was er an ihm bewunderte waren sein Arbeitsfanatismus, seine dichterische Erfindungskraft und künstlerische Vitalität, sein ausgeprägtes Verständnis für die Gesetze der sozialen Welt und die Geschichte seiner Zeit und nicht zuletzt Balzacs Tapferkeit und Beharrlichkeit im Unglück.

Die von Hitler ausgelöste internationale Krise hatte sich inzwischen in gefährlicher Weise verschärft. Schon am 1. Oktober 1938 waren die Deut-

Erste Seite eines Briefes an seine Mutter

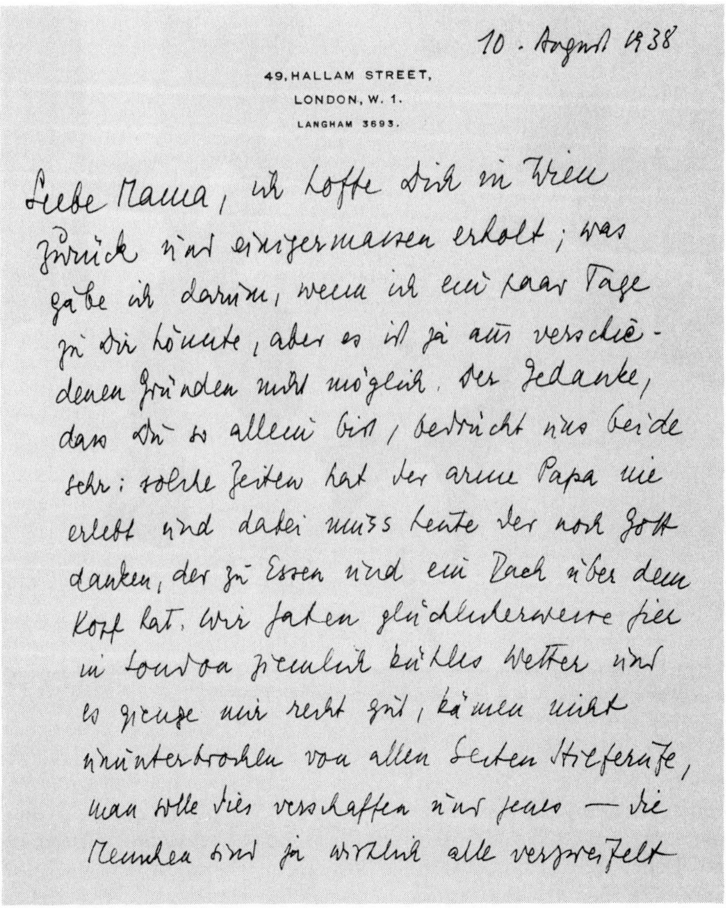

10. August 1938

49, HALLAM STREET,
LONDON, W. 1.
LANGHAM 3693.

Liebe Mama, ich hoffe Dich in Wien zurück und einigermassen erholt; was gäbe ich darum, wenn ich ein paar Tage zu Dir könnte, aber es ist ja aus verschiedenen Gründen nicht möglich. Der Gedanke, dass Du so allein bist, bedrückt uns beide sehr: solche Zeiten hat der arme Papa nie erlebt und dabei muss heute der noch Gott danken, der zu Essen und ein Dach über dem Kopf hat. Wir haben glücklicherweise hier in London ziemlich kühles Wetter und es ginge mir recht gut, kämen nicht ununterbrochen von allen Seiten Hilferufe, man solle dies verschaffen und jenes – die Menschen sind ja wirklich alle verzweifelt

1940

schen in die sudetendeutschen Gebiete einmarschiert. Im März des folgenden Jahres gelang den Nazis die «Zerschlagung der Rest-Tschechei» und am 1. September überschritten 1,5 Millionen deutsche Soldaten die polnische Grenze. Der Zweite Weltkrieg hatte begonnen. Zweig schrieb in sein Tagebuch: *Die alten Cassandragefühle wieder wach.*[195] Nach dem

Kriegseintritt Englands unterlagen Zweig und Lotte Altmann als «enemy aliens», als feindliche Ausländer, einschneidenden bürokratischen Beschränkungen. Zweig fühlte sich ausgesondert, unfrei, vom einem fremden Volk bloß geduldet. Es schmerzte ihn besonders, daß ihm jetzt der Zugang zum deutschen Sprachraum verwehrt war. Welche Leser konnte er noch ansprechen? Für wen sollte er jetzt noch schreiben? Da Lotte als ehemalige deutsche Staatsangehörige eine Internierung in einem Lager befürchten mußte, entschied sich Zweig zu einer raschen Heirat. Am 6. September 1939 schloß er seine zweite Ehe. Im folgenden Jahr gelang es beiden nach vielen Eingaben und mit der tatkräftigen Unterstützung durch H. G. Wells, die britische Staatsbürgerschaft zu erwerben. Das Ehepaar bezog das Haus Rosemount auf dem Lyncombehügel in Bath, das sie im August 1939 gekauft hatten. Aber sie wohnten dort nur wenige Monate. Dann beschlossen sie unter dem Eindruck von Hitlers Siegen in Polen, Dänemark, Norwegen, Holland, Belgien und Frankreich, das invasionsbedrohte Großbritannien zu verlassen. Eine Einladung zu einer Vortragsreise nach Südamerika bot dazu die ersehnte Gelegenheit. Anfang 1940 verließen Stefan und Lotte Zweig Europa an Bord der «Scythia». Es wurde eine Reise ohne Wiederkehr.

«Aus freiem Willen»

Stefan Zweig hatte an den Erfolg von Chamberlains «appeasement»-Politik geglaubt. Mit vielen seiner europäischen Freunden teilte er die Überzeugung, daß der «Ewige Frieden» möglich sei, wenn man nach Tolstojs Lehre die Gewalt durch Gewaltlosigkeit überwinde. Die skrupellose und erfolgreiche Eroberungspolitik der Nazis machte ihm das Scheitern seiner Hoffnungen deutlich. Nur unter Aufbietung aller politischen und militärischen Kräfte würde sich die freie Welt gegen Hitler behaupten können. Doch selbst in dieser auch für ihn persönlich bedrohlichen Situation, in der er nur von einem Gedanken beseelt war, nämlich *nicht diesem braunen Burschen in die Hände zu fallen*[196], hielt er an seinem unbedingten Pazifismus fest. Daß es in diesem Krieg um die Freiheit der demokratischen Staaten, aber auch um seine eigene Freiheit ging, war ihm wohl bewußt, aber *ich mag keine Vorteile*, meinte er, *die andere mit Bauchschüssen und Gasvergiftungen bezahlen.*[197]

Die Idee der Gewaltlosigkeit hatte für ihn eine tragische Dimension, denn sie erscheint immer als unzeitgemäß. Der Pazifismus ist *im Frieden überflüssig, im Kriege wahnwitzig, im Frieden kraftlos und in der Kriegszeit hilflos*[198]. Wer die Menschen für die Idee der Gewaltlosigkeit gewinnen will, hat viel größere Schwierigkeiten als diejenigen, die ihn zum Kampf aufrufen, denn der Kriegswille kann an alte Instinkte, an das Kraftgefühl, den Stolz und die Leidenschaften appellieren, während die Erziehung zum Pazifismus erst die verborgenen Gefühle *der Nachgiebigkeit und Versöhnlichkeit*[199] wecken und auf die ungewisse Kraft der Utopie vertrauen muß. Wer das Leben als das höchste Gut betrachtet, wer davon überzeugt ist, *daß Leben alles ist, das Einzige und Letzte und die letzte Sünde wider den Geist, die einzige, daran zu greifen*[200], für den ist der Krieg, der das Leben von Millionen Menschen vernichtet, notwendigerweise das absolut Hassenswerte. Zweig schien dazu bereit, mindestens für eine gewisse Zeit, die Herrschaft des Unmenschen in Kauf zu nehmen, wenn man den Krieg hätte vermeiden können, eine Konsequenz, die ihm wohl schmerzlich bewußt war. Als überzeugter Pazifist vermied er in den USA sorgfältig jede öffentliche Äußerung, die als Parteinahme für den Kriegseintritt Amerikas gedeutet werden könnte, und weigerte sich entschieden, in den politischen Meinungsstreit einzugreifen.

In den Jahren nach 1918 glaubte er noch an die Realisierbarkeit von Frieden und Völkerverständigung, und es schien ihm sinnvoll, sich für das friedliche Zusammenleben der Nationen aktiv einzusetzen. Zu Beginn des Zweiten Weltkriegs aber war er pessimistisch und verzagt, denn er konnte nicht verstehen, *wie ebendieselbe Menschheit, welche die unfaßbarsten und unbegreiflichsten Meisterwerke im Geistigen hervorbringt, seit tausend und tausend Jahren nicht das einfachste Geheimnis zu meistern lernt: zwischen Menschen und Menschen, welche solche unvergängliche Güter gemeinsam haben, den Geist der Verständigung lebendig zu bewahren*[201].

Die erste Zwischenstation auf ihrer Reise nach Brasilien war New York. Dort erfuhren sie, daß es Friderike mit ihren Töchtern gelungen war, sich vor den anrückenden deutschen Truppen in Südfrankreich vorläufig in Sicherheit zu bringen, wo sie sehnsüchtig auf ein Schiff nach Amerika wartete. Sofort setzte sich Zweig bei den amerikanischen Behörden für sie und auch für andere Flüchtlinge aus Europa ein. Unermüdlich schaffte er Referenzen herbei, holte Informationen in Reiseagenturen ein und beantragte Einreisevisa. Am 13. Oktober legte das Schiff, das Friderike und ihre Töchter an Bord hatte, im Hafen von New York an. Mit ihnen waren prominente Emigranten gekommen, Franz Werfel, Alfred Polgar, Heinrich und Golo Mann.

Nach einem vierwöchigen Aufenthalt in New York, den sie gemeinsam mit Friderike und den Töchtern verbrachten, reisten Zweig und Lotte nach Rio. Diesmal erregte ihre Ankunft nur eine begrenzte öffentliche Aufmerksamkeit, und Zweig nutzte die relative Ruhe zur Weiterarbeit an seiner Autobiographie *Die Welt von gestern*. In Buenos Aires, wohin er auf einer wie immer sehr erfolgreichen Vortragsreise gekommen war, wurde er vom argentinischen Außenminister empfangen. Zweig lehnte jede Art von offizieller Auszeichnung ab und bat den Minister statt dessen um Visa für drei deutsche Flüchtlinge. Seine Bitte wurde erfüllt. Von Rio aus setzte er seine Vortragsreisen fort, die ihn bis nach Uruguay und Chile führten. In vierzehn Tagen hielt er nicht weniger als zehn Vorträge auf deutsch, spanisch, englisch und französisch. Zu Beginn des Jahres 1941 trafen Stefan, Lotte und Friderike wieder in New York zusammen, wo Zweig gemeinsam mit Friderike, Hermann Kesten und Erika Mann die Arbeit der Hilfsorganisation Emergency Rescue Committee unterstützte. Friderike war über die Niedergeschlagenheit Zweigs sehr besorgt, der besonders unter der allgemeinen politischen Unsicherheit litt. Die Berichte über die schrecklichen Schicksale der Menschen, die in der alten Heimat zurückgeblieben waren, verstörten und lähmten ihn, und seine Phantasie, seine pessimistische Grundeinstellung, seine politische Witterung ließen ihn kommendes Unheil voraussehen und zwangen ihn dazu, die Schrecken des Kriegs in seiner Vorstellung unmittelbar mitzuerleben. *Mich hat das Schicksal mit einem unbestechlichen Auge, einem harten Auge und einem weichen Herzen geschlagen.*[202]

Wie so oft flüchtete er aus Selbsterhaltungstrieb wieder in seine Arbeit. In der Bibliothek der Yale University in Connecticut arbeitete er an einem kleinen Buch, das 1944 unter dem Titel *Amerigo. Die Geschichte eines historischen Irrtums* erschien. Amerigo Vespucci war kein Schwindler, wie der amerikanische Philosoph Emerson behauptet hatte. Der tapfere Gelehrte war ein besserer Namengeber für den Subkontinent «Amerika» als irgendein blutbesudelter Conquistador. Das ist die zentrale These seiner Streitschrift.

Ende Juni 1941 mieteten die Zweigs eine kleine Villa in Ossining, N. Y. Friderike wohnte ganz in der Nähe, und Stefan konnte sich bei ihr Rat holen bei der Arbeit an seinen Erinnerungen. Dort traf er auch mit Jules Romains und dem Schriftsteller und Kulturhistoriker René Fülöp-Miller zusammen, den er aus gemeinsamen Wiener Tagen kannte. Im gleichen Jahr konnte er wieder ein neues Buch vorlegen, ein Gastgeschenk für das Land, dem er so viel verdankte, *Brasilien. Ein Land der Zukunft*. Die Reaktionen der Brasilianer waren zwiespältig. Die Wohlmeinenden unter ihnen verstanden das Werk so wie es gemeint war, als Huldigung an ihr Land. Aber einige besonders patriotisch denkende Kritiker bemängelten historische Fehler und die hastige, ungenaue Art der Darstellung, die das Pittoreske, Exotische, aber Unmoderne und Rückständige hervorhebe auf Kosten der zukunftsweisenden Errungenschaften ihres Landes auf den Gebieten der Technik und der Architektur. In der Tat gehört das Sachbuch über Brasilien, das eigentlich aus acht ungleichmäßig gearbeiteten Essays zusammengestellt ist, nicht zu Zweigs besten Arbeiten.

Stefan Zweigs brasilianischer Verleger Koogan hatte ein kleines Landhaus in Petropolis ausfindig gemacht, und Stefan und Lotte Zweig beschlossen, dieses Häuschen zu mieten. Seit Jahren lebten sie nun wie die Nomaden und fühlten sich nirgends ganz zu Hause. Jetzt glaubten sie endlich den *Schatten einer Seßhaftigkeit*[203] gefunden zu haben. Der idyllisch gelegene Bungalow in der rua Gonçalves Dias 34 verfügte nur über ein kleines Wohnzimmer und zwei winzige Schlafzimmer, aber die Terrasse war geräumig, dort konnte Zweig ungestört lesen und arbeiten. Seine Stimmung besserte sich. Er genoß die Ursprünglichkeit seiner neuen Umgebung, beobachtete die Bauern, die ihre mit Bananen beladenen Esel am Haus vorbeitrieben, er liebte die üppig strotzende Vegetation und den Sternenhimmel der Tropen. Der Höhenkurort Petropolis erinnerte ihn an eine österreichische Sommerfrische, er kam sich vor wie in Klein-Ischl. *Du kannst Dir nicht denken*, schrieb er an Friderike, *welche Tröstung von der Natur ausgeht, wo alles farbig ist und die Menschen kindlich rührend.*[204] Daß die gehobene Stimmung nicht ungetrübt war, verrät sechs Wochen später ein brieflicher Zusatz Lottes zu einem Schreiben ihres Mannes an seinen alten Freund Berthold Viertel, einen Regisseur und Schriftsteller aus Wien, der auch nach Amerika emigriert war: «So möchte ich nur bestätigen, daß es uns hier gut geht und wir so ver-

In Rio

gnügt oder deprimiert sind, wie es jeweils den Zeitumständen entspricht.»[205] Lottes Unselbständigkeit, ihre bedingungslose Hingabe waren Zweig im Gegensatz zu Friderikes energischer, aufmunternder Art keine Hilfe, wenn er wieder einmal in seinen Depressionen versank. Nachdem seine anfängliche Begeisterung für Petropolis verflogen war, vermißte sein beweglicher und impulsiver Geist mehr und mehr die gewohnten Anregungen. Zwar hatte sich in seiner unmittelbaren Nachbarschaft Ernst Feder, der ehemalige Chefredakteur des «Berliner Tageblatts», angesiedelt, aber ihm fehlten doch die interessanten Gespräche mit seinen alten Freunden Beer-Hofmann, Broch, Werfel, Felix Braun. Sehr selten erreichten ihn Briefe, denn die Postverbindungen waren schlecht, er mußte die Nähe einer guten Bibliothek entbehren und er konnte nicht mehr reisen und seine Freiheit genießen, wie er es in Europa gewohnt war. Mit Mißbehagen dachte er an seinen 60. Geburtstag: *... als Sechziger ist man ohnehin doch schon unterhöhlt und halb erledigt. Ich will nicht mehr und zögere nur, diesen Willen durchzusetzen... ich sehe so Schweres kommen, wie es die anderen nicht ahnen.*[206] Im Oktober 1941 verfaßte er sein letztes Gedicht, elegische Verse, erfüllt von nobler Trauer. Mit philosophischer Gelassenheit sieht Zweig dem Ende seines Lebens entgegen und der Alternde empfindet eine letzte Steigerung seines Lebensgefühls in der Nähe des Todes:

Der Sechzigjährige dankt

Linder schwebt der Stunden Reigen
Über schon ergrautem Haar,
Denn erst an des Bechers Neige
Wird der Grund, der gold'ne klar.

Vorgefühl des nahen Nachtens
Es verstört nicht – es entschwert!
Reine Lust des Weltbetrachtens
Kennt nur, wer nicht mehr begehrt,

Nicht mehr fragt, was er erreichte,
Nicht mehr klagt, was er gemißt
Und dem Altern nur der leichte
Anfang seines Abschieds ist.

Niemals glänzt der Ausblick freier
Als im Glast des Scheidelichts,
Nie liebt man das Leben treuer
Als im Schatten des Verzichts.[207]

Der Geburtstag, der *ominöse Tag*, ging glücklicherweise ohne große Feierlichkeiten vorüber, und Zweig fand trotz seiner düsteren Stimmung wieder die Kraft, ein neues literarisches Projekt ins Auge zu fassen. Schon in Salzburg hatte er zu seiner Entspannung das Schachspiel gepflegt, und in Petropolis war dabei Ernst Feder manchmal sein Partner. Er kaufte sich ein Schachbuch und spielte mit Lotte die Turniere der großen Meister nach. Aus dieser Beschäftigung erwuchs die Idee zu seiner *Schachnovelle*. Stefan Zweig hielt seine letzte Prosaarbeit thematisch für *abseitig* und behauptete, sie sei *zu abstrakt für das große Publikum*.[208] Sie ist weder das eine noch das andere, sondern eine der gelungensten Novellen des Autors.

Das Thema war damals von höchster Aktualität und ist es noch heute: Wie kann der geistige Mensch seine Freiheit behaupten gegen die Herrschaft brutaler Gewalt? Ein kultivierter, feinfühliger österreichischer Emigrant, Dr. B., trifft auf einem Passagierschiff zufällig mit dem Weltschachmeister, Mirko Czentovic, einem primitiven, arroganten und feindseligen *Schachautomaten* zusammen. Dr. B. hatte sich in der Isolationshaft der Gestapo durch «blind» gespielte Schachpartien gegen sich selbst vor geistigem Zusammenbruch gerettet und läßt sich nun zu einem Spiel, das in Wirklichkeit ein geistiger Kampf ist, gegen Czentovic überreden. Das Unerhörte geschieht, Dr. B. schlägt den Weltschachmeister; aber nur im ersten Spiel. Die Revanche, auf die sich der Österreicher eigentlich gegen sein besseres Wissen einläßt, führt bei ihm zum Ausbruch eines Nervenfiebers, unter dem er schon in der Haft gelitten hatte. In heilloser Verwirrung bricht er die Partie ab und gibt sich geschlagen. Die Novelle endet in Resignation, die Waffe des Geistes hat sich am Ende als unwirksam erwiesen im Kampf gegen die inhumane Gewalt. Die Komposition der Novelle überzeugt durch Ausgewogenheit und Beziehungsreichtum. Rahmen und Binnenerzählung sind durch drei Strukturelemente miteinander verzahnt: durch die Figuren des Erzählers und des Schachmeisters und durch ein zentrales Motiv – Dr. B. überlistet die Gestapo und besiegt den Schachmeister, den «Miniatur-Hitler»[209]. Stilistisch knapp und zurückgenommen, wirkt die Novelle schlank in der Gestaltung und das zentrale Dingsymbol, das Schachspiel, schafft Einheit und Geschlossenheit.

Der Schluß der *Schachnovelle* gibt auch Auskunft über die innere Verfassung ihres Autors zu Beginn des Jahres 1942. In seiner Verzweiflung suchte Zweig Trost bei seinen Lieblingsautoren, bei Goethe, Homer und Shakespeare. Zufällig stieß er bei seiner Suche nach Lesestoff auf die «Essais» Montaignes und beschloß, über diesen freien, unabhängigen Geist einen biographischen Essay zu verfassen. Im Gegensatz zu Erasmus hatte der französische Edelmann, *ein anderer (besserer) Erasmus*[210], in späteren Jahren auf jede öffentliche Wirksamkeit verzichtet und sich in die *Zitadelle*, auf sein innerstes Ich zurückgezogen. Frei wollte er auch

Montaigne

gegenüber dem Tod sein, das freiwillige Sterben war für Montaigne der schönste Tod. Zweigs Gedanken begannen immer ausschließlicher um diese letzte Freiheit, um diese letzte Rettungsmöglichkeit zu kreisen. Montaignes Gedanken über den Tod interpretierte er mit dem Satz: *Das Leben hängt vom Willen anderer ab, der Tod von unserem Willen.*[211]

Am 14. Februar fuhr das Ehepaar Zweig gemeinsam mit Feder nach Rio; sie wollten den berühmten Karneval miterleben. Zweig wirkte entspannt und fröhlich und schien den phantastischen Trubel zu genießen. Am Faschingsdienstag las er beim Frühstück in der Zeitung die Schlagzeilen vom Fall Singapurs: «Weiterer Widerstand unmöglich. Tiefe Trauer im Britischen Empire». Auf einer anderen Seite stand die Meldung: «Deutsche Offensive in Libyen mit Ziel Suez-Kanal».[212] Vergeblich versuchte er seine Erschütterung zu verbergen. Vom Karneval wollte er plötzlich nichts mehr sehen und hören, und er kehrte auf der Stelle mit Lotte nach Petropolis zurück.

Am Morgen des 23. Februar blieb in der rua Gonçalves Dias 34 in Petropolis die Tür des Schlafzimmers bis in den frühen Nachmittag geschlossen. Schließlich wurde das Hauspersonal unruhig und alarmierte die Polizei, die sich rasch Zutritt verschaffte. «Die Beamten fanden einen Mann auf dem Rücken liegend, ‹völlig angekleidet mit Sportanzug, kastanienbraunem Hemd, schwarzer Krawatte und schwarzbraun getönten Kniehosen›. Die Dame, notierten sie, trug ‹ein geblümtes Unterkleid; ihr linker Arm umschlang seine Brust›. Dieser Tote war der Schriftsteller Stefan Zweig, Österreicher von Geburt, vor wenigen Monaten Engländer geworden, fast auf den Tag sechzig Jahre alt; die Tote seine dreiunddreißigjährige Gattin, Elisabeth Charlotte, geborene Altmann... Sie hatten Veronal genommen.»[213] Auf dem peinlich aufgeräumten Schreibtisch lagen die Abschiedsbriefe frankiert, die Bleistifte waren gespitzt, die entliehenen Bücher entsprechend beschriftet. Auf dem Tisch fand man ein Schreiben an das Stadtoberhaupt von Petropolis mit der Überschrift

Declaraçao
Ehe ich aus freiem Willen und mit klaren Sinnen aus dem Leben scheide, drängt es mich, eine letzte Pflicht zu erfüllen: diesem wundervollen Land Brasilien innig zu danken, das mir und meiner Arbeit so gute und gastliche Rast gegeben. Mit jedem Tage habe ich dies Land mehr lieben gelernt und nirgends hätte ich mir mein Leben lieber vom Grunde aus neu aufgebaut, nachdem die Welt meiner eigenen Sprache für mich untergegangen ist und meine geistige Heimat Europa sich selbst vernichtet.

Aber nach dem sechzigsten Jahre bedurfte es besonderer Kräfte, um noch einmal völlig neu zu beginnen. Und die meinen sind durch die langen Jahre heimatlosen Wanderns erschöpft. So halte ich es für besser, rechtzeitig und in aufrechter Haltung ein Leben abzuschließen, dem geistige Arbeit immer die lauterste Freude und persönliche Freiheit das höchste Gut dieser Erde gewesen.

Ich grüße alle meine Freunde! Mögen sie die Morgenröte noch sehen nach der langen Nacht! Ich, allzu Ungeduldiger, gehe ihnen voraus.[214]

Der Freitod Stefan Zweigs erregte größtes Aufsehen. Die internationale Öffentlichkeit war bestürzt über den unerwarteten Schritt des weltberühmten Autors. Nicht wenige seiner Kollegen in der Emigration zeigten sich entrüstet über den «Abtrünnigen», der sich seiner Pflicht gegenüber seinen Schicksalsgenossen nicht bewußt gewesen sei und sein Leben als reine Privatsache betrachtet habe: «Durfte er dem Erzfeinde den Ruhm gönnen», schrieb Thomas Mann, «daß wieder einmal Einer von uns vor seiner ‹gewaltigen Welterneuerung› die Segel gestrichen, Bankerott erklärt und sich umgebracht habe? ... Er war Individualist genug, sich nicht darum zu kümmern.»[215]

Behutsamer und verständnisvoller äußerte sich Franz Werfel über den Tod seines Freundes. In einer Gedenkrede, die er in Los Angeles hielt, sagte er: «Wir sind keine Pazifisten. Und der Kampf, den der Mensch gegen das Übel führt, ist groß und heilig. Aber selbst dieser heilige Kampf

Schutzumschlag der postum erschienenen deutschen Erstausgabe der Autobiographie von 1942

darf den Menschen nur bis an die Schwelle seines Sterbezimmers begleiten, nicht über sie. Die Geschäfte der Welt... dürfen sich nicht in die letzte Entscheidung zwischen Individuum und Gott eindrängen...»[216]

Warum war der materiell gesicherte und literarisch erfolgreiche Mann aus dem Leben geschieden? Konnte er die Zerstörung Europas, den Untergang seiner österreichischen Heimat, den Verlust seiner deutschsprachigen Leserschaft nicht verwinden? Fürchtete er das herannahende

Alter oder begann er am literarischen Wert seiner, wie er selbst einmal überkritisch formulierte, *... im höheren Sinn doch ziemlich ephemeren Werke*[217], zu zweifeln? Alle diese Gründe mögen zu seinem Entschluß beigetragen haben, aber man darf nicht vergessen, daß Zweig schon in jungen Jahren über seine regelmäßig wiederkehrenden *Bedrückungen* klagte: *Meine depressiven Zustände haben keine reellen Gründe.*[218] Bedingt durch die Schrecken des Kriegs, durch die Nachrichten von den bedrohlichen Erfolgen Hitler-Deutschlands und seiner Verbündeten steigerten sich seine Verstimmungen zu tiefer Verzweiflung. Das größte Unglück für ihn aber war, daß er in den letzten Jahren *den Glauben an die Menschheit*[219] verlor. Er mußte erkennen, daß sein idealistischer, anthropozentrischer Humanismus durch den Gang der Geschichte, durch die Ereignisse des Zweiten Weltkriegs widerlegt war. Seine Vision vom Paradies auf Erden, von den Menschen, die in einer übernationalen Gemeinschaft freier Individuen selbst über ihr Schicksal verfügen und damit den Göttern gleich werden, hatte sich als Illusion erwiesen. In dieser existentiellen Krise erinnerte er sich an einen Weg, den er sich zeitlebens als Weg von der Beschränkung in die vollkommene Freiheit offenhalten wollte. Viele seiner literarischen Figuren, besonders in seinen Novellen, spielen mit dem Gedanken an den Freitod oder bringen sich auch tatsächlich um. In ihrer emotionalen Unbedingtheit sind sie seelisch gefährdet und fühlen sich mit dem Leben nicht fest verbunden. Der Kellner François legt sich unter den Zug, weil Gräfin Ostrowska, die er leidenschaftlich liebt, ohne daß sie es weiß, für ihn unerreichbar bleibt (*Der Stern über dem Walde*). In der Novelle *Die Gouvernante* bringt sich das «Fräulein» um, als sie vom Neffen der Familie schwanger wird und ihre Stelle verliert. Der russische Soldat in der Erzählung *Der Flüchtling. Episode vom Genfer See* möchte über den See gesetzt werden, weil er in sein ersehntes Vaterland zurückkehren will. Als ihm niemand helfen kann, geht er ins Wasser. Auch der Arzt in der Novelle *Der Amokläufer* ertränkt sich. Er kann es nicht verwinden, daß er am Tod seiner Patientin schuld ist. Die Dienstmagd Crescentia Finkenhuber tötet sich, weil sie ihr geliebter Herr entlassen will (*Leporella*). Mrs. C. in der Novelle *Vierundzwanzig Stunden aus dem Leben einer Frau* ist nach dem Tod ihres Mannes lebensmüde, und der junge Spieler, den sie durch ihre Liebe von seiner Spielleidenschaft befreien will, erschießt sich in Monte Carlo. Den Freitod Kleists feiert Zweig in seinem biographischen Essay (*Der Kampf mit dem Dämon*) als herrliche, befreiende Tat mit großer Emphase und innerer Anteilnahme, und in seinem Roman *Ungeduld des Herzens* stürzt sich das gelähmte Mädchen vom Turm, als sie erfährt, daß sie der Leutnant nicht liebt. In Zweigs Romanfragment *Rausch der Verwandlung*, das Knut Beck aus dem Nachlaß herausgab und auf Grund vorliegender Notizen des Verfassers ergänzte, erwägen Christine und Ferdinand den gemeinsamen Freitod, weil ihre Lebensumstände in der Nachkriegszeit hoffnungslos geworden sind, bevor sie sich dann doch zu einer letzten verzweifelten Tat, der Unterschlagung von Postgeldern, entschließen. Fast alle diese Selbstmordkandidaten wählen den Freitod, ohne daß sie irgendwelche weltanschauliche oder religiöse Skrupel zurückhielten. Sie finden keinen Halt in einem religiösen Glauben. Nur der junge polnische Adelige in der Novelle *Vierundzwanzig Stunden aus dem Leben einer Frau* bekennt sich zum katholischen Christentum, aber den Eid, den er in einer Kirche schwört, kann er nicht halten: er spielt weiter bis zu seinem Untergang.

Unter den Erzählfiguren in Zweigs Prosadichtungen kommt dem alten Juden Salomonsohn in der Erzählung *Untergang eines Herzens* eine besondere Bedeutung zu. Salomonsohn stirbt an seiner Verzweiflung über den Leichtsinn seiner geliebten Tochter. Kurze Zeit vor seinem Tod findet er zurück zur Religion seiner Väter, die ihm Frieden schenkt: *Das Seltsamste und für die ganze Stadt Verwunderlichste aber war: der alte Mann, der nie zu den Gläubigen der Gemeinde gehört hatte, begann mit einemmal fromm zu werden. Gleichgültig sonst gegen alles, und bei Tisch und Verabredung immer unpünktlich, versäumte er doch niemals, zu gebotener Stunde in den Tempel zu gehen: dort stand er, in schwarzer Seidenkappe, den Gebetmantel um die Schultern, an immer demselben Platz, dem gleichen, wie einstmals sein Vater, und wiegte den müden Kopf psalmodierend hin und her.*[220]

Stefan Zweig selbst fand keinen Zugang zur orthodoxen jüdischen Religion. Als er aufgefordert wurde, am 1. Oktober 1941 die Lesung zum Yom Kippur zu halten, schrieb er dem Rabbiner Dr. Lemle entschuldigend, er müsse zu seiner Beschämung bekennen, *daß ich – wie die meisten Österreicher – sehr lax in Dingen des Glaubens erzogen wurde und ein Unsicherheitsgefühl in einer wahrhaft gläubigen Versammlung nicht bemeistern könnte*[221]. Deswegen fühle er sich verpflichtet, auf eine Teilnahme am Gottesdienst zu verzichten. Im Grunde hatte Zweig kein Interesse an metaphysischen Fragen: *Ich bin ganz ohne metaphysische Neugier, ganz im Gegenwärtigen verankert.*[222] Wie Sigmund Freud, für den die Religion ein Modell illusionärer Wunscherfüllung war, blieb auch er davon überzeugt, daß Mangel, Leiden und Krankheit die Wurzel religiöser Vorstellungen seien. Vor allem die Krankheit *lehrt den Kranken fragen, denken und beten, seinen verschreckten Blick ins Leere aufheben und ein Wesen erfinden, dem er seine Angst entgegenträgt. Erst das Leiden hat der Menschheit das Gefühl der Religion, den Gedanken eines Gottes erschaffen.*[223]

Seine Religion war der Glaube an den Menschen. Als das *Traumschloß* des humanen Optimismus in Trümmern lag, flüchtete Stefan Zweig in sein letztes Refugium, in den Tod.

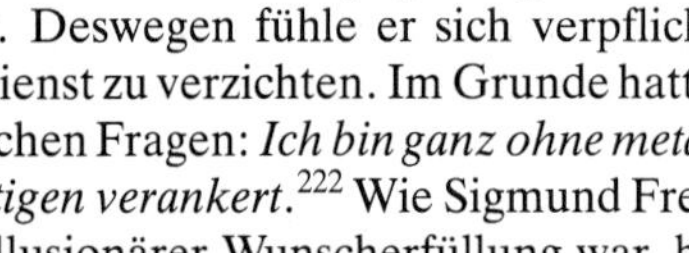

Anmerkungen

Eine Gesamtausgabe von Stefan Zweigs Schriften liegt nicht vor. Die Zitate folgen – soweit nicht anders angegeben – der bisher (Stand 1987) umfassendsten Ausgabe der Werke im Fischer Taschenbuch Verlag. Folgende Abkürzungen werden verwendet:

BF Stefan Zweig: Briefe an Freunde. Hg. v. Richard Friedenthal. Frankfurt a. M. 1984

BI Prater, Donald A., und Volker Michels: Stefan Zweig. Leben und Werk im Bild. Frankfurt a. M. 1981

BW Stefan Zweig, Friderike Zweig: Unrast der Liebe. Ihr Leben und ihre Zeit im Spiegel ihres Briefwechsels. Hg. v. Petra Eisele. Bern–München 1981

PR Prater, Donald A.: Stefan Zweig. Das Leben eines Ungeduldigen. München–Wien 1981

SO Sonnenfeld, Marion (ed.): Stefan Zweig. The World of Yesterday's Humanist Today. Proceedings of the Stefan Zweig Symposium. State University of New York 1983

SZI Daviau, Donald G., und Harvey J. Dunkle (ed.): Modern Austrian Literature. Journal of the International Research Association. Special Stefan Zweig Issue. University of California at Riverside. Vol. 14, Nos 3/4, 1981

TA Stefan Zweig: *Tagebücher*. Hg. v. Knut Beck. Gesammelte Werke in Einzelbänden. Frankfurt a. M. 1984

WVG Stefan Zweig: *Die Welt von Gestern. Erinnerungen eines Europäers*. Frankfurt a. M. 1986

1 Vgl. PR, S. 452; BI, S. 320

2 Jacob, Heinrich Eduard: Aus den Polizeiakten von Petropolis. BW, S. 297f

3 WVG, S. 367f

4 Klawiter hat die verschiedenen Werke Zweigs nach der Zahl ihrer Ausgaben und Übersetzungen aufgeschlüsselt. An der Spitze steht erwartungsgemäß *Sternstunden* (62 Ausgaben, 30 seit 1965, 35mal übersetzt, 18mal seit 1965); es folgen *Fouché*, *Maria Stuart*, *Magellan*, *Marie Antoinette*, *Schachnovelle*, *Der Amokläufer*, *Brief einer Unbekannten*, *Phantastische Nacht*, *Der begrabene Leuchter* und *Die unsichtbare Sammlung*.

Vgl. Klawiter, Randolph J.: The State of Stefan Zweig Research. An Update, SO, S. 324–340

5 Mann, Thomas: Stefan Zweig. Zum zehnten Todestag 1952. In: Hanns Arens, Der große Europäer Stefan Zweig. Frankfurt a. M. 1981. S. 187f

6 Bauer, Arnold: Stefan Zweig. Berlin 1961. S. 67

7 Scheuer, Helmut: Biographie. Studien zur Funktion und zum Wandel einer literarischen Gattung vom 18. Jahrhundert bis zur Gegenwart. Stuttgart 1979. S. 181f

8 Jakob Wassermann. In: *Europäisches Erbe*. Frankfurt a. M. 1982. S. 164

9 WVG, S. 363

10 Zitiert nach PR, S. 9

11 Vgl. Jonas, Klaus W.: Stefan Zweig und Thomas Mann: Versuch einer Dokumentation. In: SZI, S. 99

12 PR, S. 291

13 BI, S. 23

14 WVG, S. 19

15 WVG, S. 20f

16 TA, S. 242f

17 PR, S. 20f

18 WVG, S. 24

19 WVG, S. 52

20 WVG, S. 50

21 Abgedruckt in: BI, S. 33

22 WVG, S. 59

23 WVG, S. 60

24 WVG, S. 62

25 WVG, S. 63

26 *Hugo von Hofmannsthal. Gedächtnisrede zur Trauerfeier im Wiener Burgtheater*. In: *Das Geheimnis des künstlerischen Schaffens*. Frankfurt a. M. 1986. S. 198f

27 WVG, S. 66f

28 *Das Wien von gestern*. In: *Länder, Städte, Landschaften*. Frankfurt a. M. 1986. S. 74

29 Brief an Otto Heuschele, Salzburg am 10. Dezember 1930, in: BF, S. 210f

30 PR, S. 235f

31 Scheible, Hartmut: Literarischer Jugendstil in Wien. München–Zürich 1984. S. 18f

32 WVG, S. 80

33 WVG, S. 82

34 Arendt, Hannah: Juden in der Welt von gestern. Sechs Essays. Heidelberg 1948. S. 116

35 Pazi, Margarita: Stefan Zweig. Europäer und Jude. In: SZI, S. 293

36 WVG, S. 320

37 WVG, S. 376

38 WVG, S. 441

39 Leppmann, Wolfgang: Gerhart Hauptmann. Leben, Werk und Zeit. Bern–München–Wien 1986. S. 360

40 Strelka, Joseph: Stefan Zweig. Freier Geist der Menschlichkeit. Wien 1981. S. 10

41 WVG, S. 84

42 *Das Wien von gestern*, a. a. O., S. 84

43 WVG, S. 19

44 Vgl. Zweigs Briefe an Max Herrmann-Neiße vom 18. Mai 1940, in: BF, S. 312; Brief an Berthold Viertel vom 28. Oktober 1941, in: BF, S. 336; Brief an Paul Zech vom 5. Juni 1941, in: Stefan Zweig, Paul Zech. Briefe 1910–1942. Hg. v. Donald G. Daviau. Frankfurt a. M. 1986. S. 111

45 Vgl. Iggers, Georg: Some Introductory Observations on Stefan Zweig's World of Yesterday. In: SO, S. 4

46 Kesten, Hermann: Stefan Zweig, der Freund. In: Arens (Hg.), a. a. O., S. 88

47 PR, S. 30

48 WVG, S. 128. Die Begegnung mit Herzl schildert Zweig auch in: *Erinnerung an Theodor Herzl.*

Erstmals unter dem Titel *König der Juden* in: «Theodor Herzl. A Memorial». Ed. Meyer W. Weisgal. New York 1929. Abgedruckt in: Stefan Zweig, *Menschen und Schicksale*. Frankfurt a. M. 1985. S. 213–220
49 WVG, S. 129
50 WVG, S. 134
51 Rilke, Rainer Maria: Briefe aus den Jahren 1906–1907. Leipzig 1930. S. 188f
52 WVG, S. 143
53 Brief an Hermann Hesse, Wien, 2. Februar 1903, in: BF, S. 6
54 Brief an Hermann Hesse, Wien, 2. März 1903, in: BF, S. 7
55 WVG, S. 144
56 Zohn, Harry: Stefan Zweig und Emile Verhaeren. In: Erich Fitzbauer (Hg.), Stefan Zweig. Spiegelungen einer schöpferischen Persönlichkeit. Wien 1959. S. 30
57 *Erinnerungen an Emile Verhaeren*. In: *Menschen und Schicksale*, a. a. O., S. 165
58 Ebd., S. 148
59 Ebd., S. 175
60 Brief an Richard Dehmel, Wien 13. Januar 1910, in: BF, S. 21
61 Müller-Einigen, Hans: Jugend in Wien, zit. n. BI, S. 46
62 *Die Philosophie des Hippolyte Taine*. Phil. Diss. (Masch.), Wien, 7. April 1904
63 *Der Amokläufer*. Erzählungen. *Gesammelte Werke in Einzelbänden*. Hg. v. Knut Beck. Frankfurt a. M. 1984. S. 77
64 Brief an Friderike Zweig. Palast Hotel, Hamburg 29/X (1919), in: BW, S. 102
65 WVG, S. 152f
66 WVG, S. 189
67 Braun, Felix: Das Licht der Welt. Geschichte eines Versuches als Dichter zu leben. Wien 1949. S. 457
68 Ebd., S. 458
69 PR, S. 61
70 WVG, S. 202
71 WVG, S. 208
72 *Benares: Die Stadt der tausend Tempel*. Erstmals in Neue Freie Presse, Wien, 23. März 1909, abgedruckt in: *Länder, Städte, Landschaften*, a. a. O., S. 60
73 *Gwalior*. Erstmals unter dem Titel *Gwalior, die indische Residenz* in: Berliner Tageblatt, 20. März 1909, abgedruckt in: *Länder, Städte, Landschaften*, a. a. O., S. 68
74 *Der Rhythmus von New York*. Erstmals in: Dresdener Anzeiger, 7. Dezember 1913, abgedruckt in: *Länder, Städte, Landschaften*, a. a. O., S. 19
75 *Die Stunde zwischen zwei Ozeanen. Der Panamakanal vor seiner Beendigung 1912*. Erstmals unter dem Titel *Die Stunde zwischen zwei Ozeanen – der Panama-Kanal* in: Neue Freie Presse, Wien, 6. Juli 1911, abgedruckt in: *Länder, Städte, Landschaften*, a. a. O., S. 14
76 Ebd., S. 12
77 *Die Philosophie des Hippolyte Taine*, a. a. O., S. 2
78 WVG, S. 235
79 *Das Geheimnis des künstlerischen Schaffens*. In: *Das Geheimnis des künstlerischen Schaffens*, Frankfurt a. M. 1986. S. 227
80 *Romain Rolland. Der Mann und das Werk*. Frankfurt a. M. 1921. S. 259
81 *Emile Verhaeren*. Leipzig 1913. S. 16
82 *Romain Rolland*, a. a. O., S. 259
83 *Emile Verhaeren*, a. a. O., S. 180
84 Zweig, Friderike: Stefan Zweig. Wie ich ihn erlebte. Berlin 1948. S. 42
85 TA, S. 15
86 TA, S. 41
87 TA, S. 17

88 TA, S. 68
89 *Erinnerungen an Emile Verhaeren*. Wien 1917. Abgedruckt in: *Menschen und Schicksale*, a. a. O., S. 193
90 *Die Gärten im Kriege*. In: *Länder, Städte, Landschaften*, a. a. O., S. 142
91 Brief an Eberhard Buschbeck in Wien (Innsbruck, Anfang November 1912). In: Georg Trakl: Gedichte, Dramenfragmente, Briefe. Hg. v. Franz Fühmann. Wiesbaden 1983. S. 188
92 Franz Kafka: Tagebücher 1910–1923. Hg. v. Max Brod. Frankfurt a. M. 1951. S. 419f
93 Teilweise abgedruckt in: BI, S. 106
94 TA, S. 85
95 TA, S. 92
96 Brief an Kippenberg, undatiert (Herbst 1914?), Zweig-Briefe im Deutschen Literaturarchiv Marbach, zitiert nach PR, S. 113
97 «Berliner Tageblatt» Jg. 43 vom 29. September 1914, abgedruckt in: Erwin Rieger, Stefan Zweig. Der Mann und das Werk. Berlin 1928. S. 65f
98 Rolland, Romain: Zwischen den Völkern. Stuttgart 1954. S. 46
99 TA, S. 203f. Vgl. auch WVG, S. 286f
100 TA, S. 155
101 Steiman, Lionel B.: The Eclipse of Humanism: Zweig Between the Wars. In: SZI, S. 135
102 *Der Zwang. Eine Novelle*. Mit sechs Holzschnitten von Frans Masereel. Leipzig 1920. S. 58
103 *Der Turm zu Babel*. Abgedruckt in: *Europäisches Erbe*, a. a. O., S. 219
104 WVG, S. 291
105 *Tersites. Jeremias*. Zwei Dramen. *Gesammelte Werke in Einzelbänden*. Hg. v. Knut Beck. Frankfurt a. M. 1982. S. 327
106 Brief an Martin Buber, VIII. Kochgasse 8 Wien, 24. Januar 1917, in: BF, S. 68
107 Brief an Martin Buber, 8. Mai 1916, in: BF, S. 66
108 Carmely, Klara: The Ideal of Eternal Homelessness: Stefan Zweig and Judaism. In: SO, S. 114; Botstein, Leon: Stefan Zweig and the Illusion of the Jewish European. In: SO, S. 96f
109 Brief an René Schickele vom 27. August 1934; Zweig-Briefe im Deutschen Literaturarchiv Marbach, zit. n. PR, S. 318
110 «Journal de Genève» vom 22. September 1914. Vgl. *Romain Rolland. Der Mann und das Werk*, a. a. O., S. 214f
111 WVG, S. 304
112 TA, S. 271
113 *Das Herz Europas. Ein Besuch im Genfer Roten Kreuz*. Erstmals in «Neue Freie Presse», Wien, Dezember 1917, abgedruckt in: *Zeit und Welt*. Frankfurt a. M. 1982. S. 40
114 Rolland, Zwischen den Völkern, a. a. O., Bd. II, S. 490f
115 *Romain Rolland. Der Mann und das Werk*, a. a. O., S. 259
116 Rolland, Zwischen den Völkern, a. a. O., Bd. II, S. 487
117 Friedenswarte XX, 1918; vgl. BI, S. 121
118 TA, S. 571
119 Brief an Friderike, Wels, 29. März 19, in: BW, S. 87
120 Brief an Friderike, Wien, April 1919, in: BW, S. 88
121 *Sinn und Schönheit der Autographen*. Ein Vortrag gehalten in der Buchausstellung der «Sunday Times», London 1935, abgedruckt in: *Das Geheimnis des künstlerischen Schaffens*, a. a. O., S. 218
122 *Die Heilung durch den Geist*. Frankfurt a. M. 1986. S. 288

123 Ebd., S. 393f
124 Brief an Binding vom 13. April 1928, in: BF, S. 191
125 *Verhaeren*, a. a. O., S. 185f
126 Romains, Jules: Stefan Zweig. Great European. New York 1941. S. 60 (Übersetzung vom Verfasser)
127 TA, S. 67
128 WVG, S. 362
129 *Sternstunden der Menschheit*. Zwölf historische Miniaturen. Frankfurt a. M. 1985. S. 8
130 *Die Philosophie des Hippolyte Taine*, a. a. O., S. 65f
131 *Castellio gegen Calvin oder Ein Gewissen gegen die Gewalt*. Frankfurt a. M. 1985. S. 230
132 Ebd., S. 21
133 *Die Geschichte als Dichterin*. In: *Zeit und Welt*. Frankfurt a. M. 1982. S. 168f
134 Steiman, Lionel B.: The Worm in the Rose: Historical Destiny and Individual Action in Stefan Zweig's Vision of History. In: SO, S. 138
135 Scheuer, Biographie, a. a. O., S. 152f
136 *Joseph Fouché. Bildnis eines politischen Menschen*. Frankfurt a. M. 1986. S. 13
137 Ebd., S. 12
138 Brief an Emil Ludwig, Salzburg, 2. Mai 1928, in: BF, S. 193
139 WVG, S. 365f
140 Zweigs Stimme wurde festgehalten in einer Schallplattenaufnahme von 1933 anläßlich einer Rundfunklesung seines Gedichts *Der Bildner*. («Die gesammelten Gedichte» [1924]) Stimmen der Dichter. Deutsche Autoren lesen aus ihren Werken: 1907–1977. Eine Dokumentation des Zeit Magazin exklusiv, hg. v. Eckart Kleßmann, 1977
141 *Die moralische Entgiftung Europas*. Vortrag bei der Europatagung der Accademia di Roma 1932. In: *Zeit und Welt*, a. a. O., S. 103f
142 *Der europäische Gedanke in seiner historischen Entwicklung*, Vortrag, gehalten 1932 in Florenz. In: *Zeit und Welt*, a.a.O., S. 130
143 *Reise nach Rußland*. Erstmals in «Neue Freie Presse», Wien, 23. Oktober, 26. Oktober, 28. Oktober 1928, abgedruckt in: *Länder, Städte, Landschaften*, a. a. O., S. 100
144 WVG, S. 376f
145 *Reise nach Rußland*, a. a. O., S. 114
146 Brief an Friderike, Moskau 11. September (1928), Grand Hôtel, in: BF, S. 197
147 WVG, S. 385f
148 Bauer, Walter: Der Europäer Stefan Zweig. In: Arens, a. a. O., S. 134f
149 *Die Geschichte als Dichterin*. In: *Zeit und Welt*, a. a. O., S. 176
150 Zuckmayer, Carl: Als wär's ein Stück von mir. Horen der Freundschaft. Stuttgart–Hamburg 1966. S. 62
151 Brief an Joseph Roth (undatiert, vermutlich Mai 1934), in: BF, S. 247
152 Mann, Klaus: Der Wendepunkt. München 1969. S. 249
153 Ebd., S. 267
154 Ebd., S. 266
155 Brief an Frans Masereel, Salzburg, Kapuzinerberg 5, am 15. April 1933, in: BF, S. 227
156 Brief an Thomas Mann, Salzburg, 18. April 1933, abgedruckt in: Klaus W. Jonas, Stefan Zweig und Thomas Mann: Versuch einer Dokumentation. In: SZI, S. 111
157 Brief an Hans Carossa, 11 Portland Place, London, 13. November 1933, in: BF, S. 238
158 BI, S. 214
159 WVG, S. 434

160 PR, S. 302
161 *Triumph und Tragik des Erasmus von Rotterdam*. Frankfurt a. M. 1985. S. 130
162 Ebd., S. 145f
163 Lukács, Georg: The Historical Novel. Harmondsworth 1962. S. 320f
164 *Triumph und Tragik des Erasmus von Rotterdam*, a. a. O., S. 106f
165 Brief an Klaus Mann, Salzburg am 15. Mai 1933, in: BF, S. 228
166 *Triumph und Tragik des Erasmus von Rotterdam*, a. a. O., S. 103
167 Brief an Rudolf Kayser, London, 30. November 1933. In: Fitzbauer (Hg.), Stefan Zweig, a. a. O., S. 75
168 Brief an Joseph Roth (undatiert, vermutlich Herbst 1937), in: BF, S. 286
169 *Castellio gegen Calvin oder Ein Gewissen gegen die Gewalt*. Frankfurt a. M. 1985. S. 45
170 Ebd., S. 15
171 Brief Lion Feuchtwangers an Stefan Zweig vom 29. Mai 1936, zit. n. Steiman, a.a.O. In: SO, S. 153
172 Kesten, Hermann: Stefan Zweig, der Freund. In: Arens, a. a. O., S. 93
173 Zweig, Friderike, Stefan Zweig. Wie ich ihn erlebte, a. a. O., S. 217
174 Brief an Lotte Altmann (undatiert, vermutlich 1934), in: BF, S. 255
175 Zweig, Friderike, Stefan Zweig. Wie ich ihn erlebte, a. a. O., S. 220
176 BW, S. 229
177 Brief an Zweig, 24. Juni 1932, Hotel Verenahof, Baden, Schweiz. In: Richard Strauss, Stefan Zweig, Briefwechsel. Hg. v. Willi Schuh. Frankfurt a. M. 1957. S. 18
178 Arens, Hanns: Stefan Zweig. Sein Leben, sein Werk. Esslingen 1949. S. 213
179 Brief an Zweig vom 17. Juni 1935. In: Strauss, Zweig, Briefwechsel, a. a. O., S. 141
180 Ebd., S. 169f
181 Brief an Gisella Selden-Goth, New York, Frühjahr 1940. In: Gisella Selden-Goth (Hg.), Stefan Zweig. Unbekannte Briefe aus der Emigration an eine Freundin. Wien–Stuttgart–Basel 1964. S. 66
182 BW, S. 149
183 *Der begrabene Leuchter*. In: *Legenden*. Stockholm 1948. S. 209
184 *Kleine Reise nach Brasilien*. In: *Länder, Städte, Landschaften*, a. a. O., S. 155
185 WVG, S. 451
186 TA, S. 393f
187 TA, S. 404
188 TA, S. 406
189 Vgl. Dines, Alberto: Death in Paradise. Some Revelations About Stefan Zweig's Presence in Brazil. In: SO, S. 290
190 TA, S. 408f
191 Brief an Friderike, Hotel Regina, Wien, 12. Mai 1937, in: BW, S. 253
192 Brief an René Schickele, 11 Portland Place, London, den 26. September 1934, in: BF, S. 159
193 *Fouché*, a. a. O., S. 106
194 WVG, S. 467f
195 TA, S. 453
196 Brief an Richard Beer-Hofmann. The Wyndham Hotel, New York 11. Juli 1940, in: BF, S. 315
197 Brief an Max Herrmann-Neiße vom 29. September 1939, in: BF, S. 303
198 Berta von Suttner. In: *Zeit und Welt*, a. a. O., S. 29
199 Ebd., S. 26
200 TA, S. 261
201 *Unvergeßliches Erlebnis. Ein Tag bei Albert Schweitzer*. In: *Menschen und Schicksale*, a. a. O., S. 230
202 Brief an Felix Braun (undatiert, vermutlich Frühjahr 1939), in: BF, S. 293
203 Brief an Friderike, 10. September 1941, in: BF, S. 329

204 Brief an Friderike, 17. September 1941, in: BF, S. 330
205 Lotte Zweigs Zusatz zu einem Brief ihres Mannes an Berthold Viertel, Petropolis (Brasil) 34, rua de Gonçalves Dias, 28. Oktober 1941, in: BF, S. 338
206 TA, S. 467
207 Zweig, Friderike, Stefan Zweig. Wie ich ihn erlebte, a. a. O., S. 295. Vgl. auch PR, S. 433 und BI, S. 304
208 Brief an Hermann Kesten, Petropolis (Brasil), 15. Januar 1942. In: Hermann Kesten (Hg.), Deutsche Literatur im Exil. Briefe europäischer Autoren 1933–1949. Frankfurt a. M. 1973. S. 155
209 Strelka, Stefan Zweig, a. a. O., S. 140
210 Brief an Friderike, Petropolis, 27. Oktober 1941, in: BW, S. 281
211 *Montaigne*. In: *Europäisches Erbe*. Frankfurt a. M. 1982. S. 48
212 PR, S. 444
213 Jacob, Aus den Polizeiakten von Petropolis, a.a.O., S. 293
214 PR, S. 456f. Vgl. auch BI, S. 318
215 Brief Thomas Manns an Friderike Zweig vom 15. September 1942. In: Thomas Mann, Briefe 1937–1947. Hg. v. Erika Mann. Frankfurt a. M. 1963. S. 280f. Mann revidierte sein hartes Urteil in seinem Aufsatz «Stefan Zweig zum 10. Todestag». (In: Gesammelte Werke in zwölf Bänden. Frankfurt a. M. 1960. Bd. X, S. 524f): «Seitdem habe ich anders und verstehender über seinen Abschied zu denken gelernt, und keinen Augenblick mehr vermag dieser Hingang der Ehrerbietung Abbruch zu tun, die ich für sein Leben, seine die ganze Welt beschäftigende Leistung immer gehegt habe...»
216 Franz Werfel: Stefan Zweigs Tod. In: Arens, Der große Europäer Stefan Zweig, a. a. O., S. 182. Vgl. auch Jacob, a. a. O., in: BW, S. 296
217 WVG, S. 370
218 Brief an Friderike (Grand Hotel 3. August 25 Zell am See), in: BW, S. 151
219 Brief an Hermann Kesten, Rosemount, Lyncombe Hill, Bath, England 24. Januar 1940. In: Kesten, Deutsche Literatur im Exil, a. a. O., S. 101
220 *Untergang eines Herzens*. In: *Verwirrung der Gefühle*. Frankfurt a. M. 1985. S. 177
221 PR, S. 428
222 TA, S. 222
223 *Die Heilung durch den Geist*. Frankfurt a. M. 1986. Einleitung S. 9

Zeittafel

1881	am 28. November wird Stefan Zweig als zweiter Sohn des böhmischen Textilfabrikanten Moritz Zweig (1845–1926) und seiner Ehefrau Ida, geb. Brettauer (1854–1938) in Wien, Schottenring 14, geboren
1887–1892	Besuch der Volksschule in der Werdertorgasse
1892–1900	Maximiliangymnasium (später Wasagymnasium)
1900	Beginn des Studiums an der Wiener Universität (Philosophie und Literaturwissenschaft)
1901	Erste Buchveröffentlichung: *Silberne Saiten*, Gedichte (Verlag Schuster & Löffler, Berlin)
1902	Beginn einer langjährigen Mitarbeit an der «Neuen Freien Presse», Wien. Bekanntschaft mit Theodor Herzl. Herausgabe der «Gedichte von Paul Verlaine: eine Anthologie der besten Übertragungen» (Schuster & Löffler, Berlin). Baudelaires «Gedichte in Vers und Prosa» (übersetzt von Zweig und Camill Hoffmann) erscheinen mit einer Einleitung von Zweig bei Hermann Seemann Nachf., Leipzig. Im Sommer Reise nach Belgien, erste Begegnung mit Émile Verhaeren
1902/03	Ein Semester in Berlin. Anschluß an den literarischen Kreis «Die Kommenden»
1903	Einleitung zu «E. M. Lilien, sein Werk», Schuster & Löffler, Berlin. Reise nach Paris und in die Bretagne
1904	Abschluß des Studiums mit der Dissertation *Die Philosophie des Hippolyte Taine*. Erster Novellenband *Die Liebe der Erike Ewald* (Egon Fleischel, Berlin). Verhaerens «Ausgewählte Gedichte» in Zweigs Übertragung erscheinen bei Schuster & Löffler, Berlin. Reisen nach Paris und London
1905	Monographie *Paul Verlaine* (Schuster & Löffler, Berlin)
1906	Der Gedichtband *Die frühen Kränze* erscheint im Insel Verlag, Leipzig. Viermonatiger Aufenthalt in England. «Die visionäre Kunstphilosophie des William Blake. Englisch von Archibald B. G. Russell. Deutsch von Stefan Zweig» (Verlag Julius Zeitler, Leipzig)
1907	Übersiedlung in die erste eigene Wohnung, Wien, Kochgasse 8. Das Versdrama *Tersites* und «Rimbaud: Leben und Dichtung» (Übertragungen von Karl Klammer mit einer Einleitung von Zweig) erscheinen im Insel Verlag, Leipzig

1908 «Balzac: sein Weltbild aus den Werken», bearbeitet und eingeleitet von Zweig, erscheint bei Robert Lutz, Stuttgart. Am 26. November Uraufführung des Schauspiels *Tersites* in Dresden und Kassel

1908/09 November: Aufbruch zu einer mehrmonatigen Reise nach Ceylon, Gwalior, Kalkutta, Benares, Rangun und Hinterindien

1910 Die Monographie *Emile Verhaeren* und zwei Bände Übertragungen seiner Werke («Ausgewählte Gedichte», «Drei Dramen») erscheinen im Insel Verlag, Leipzig. Im gleichen Verlag veröffentlicht er einen Aufsatz *Dickens* als Einleitung zu einer Gesamtausgabe

1911 Amerika-Reise: New York, Kanada, Panamakanal, Kuba, Puertorico. *Erstes Erlebnis. Vier Geschichten aus Kinderland* und eine

1912 Übertragung von Verhaerens «Hymnen an das Leben» erscheinen im Insel Verlag

Zweig arrangiert eine Vorlesungsreise für Verhaeren und begleitet ihn nach Hamburg, Berlin, Wien und München.

5. Mai: Erstaufführung des Einakters *Der verwandelte Komödiant* im Lobe-Theater in Breslau.

26. Oktober: Uraufführung des Trauerspiels *Das Haus am Meer* im Wiener Burgtheater.

Bekanntschaft mit Friderike von Winternitz (1882–1971)

1913 *Der verwandelte Komödiant*, die Übertragungen von Verhaerens «Rubens» und die Novelle *Brennendes Geheimnis* erscheinen im Insel Verlag

1914 Reise nach Belgien zu Émile Verhaeren. Rückkehr nach Wien bei Ausbruch des Ersten Weltkriegs. Einberufung in das Kriegsarchiv des Kriegsministeriums ab 1. Dezember.

Offener Brief *An die Freunde im Fremdland*

1915 Im Juli Dienstreise in das kurz zuvor befreite Galizien

1916 Übersiedlung mit Friderike nach Kalksburg bei Rodaun

1916/17 Kauf des Hauses am Kapuzinerberg in Salzburg

1917 Das pazifistische Drama *Jeremias* erscheint im Insel Verlag. Am 5. November wird Zweig vom Dienst im Kriegsarchiv zu einer Vortragsreise in die Schweiz für zwei Monate beurlaubt. Mit Friderike verfolgt er die Proben zur Aufführung seines *Jeremias* am Stadttheater in Zürich. Besuch bei Romain Rolland in Villeneuve am Genfer See und in der Genfer Zentrale des Roten Kreuzes

1917/18 Zusammentreffen mit Hermann Hesse, Fritz von Unruh, James Joyce, Ferruccio Busoni und Annette Kolb. Enger Kontakt zu pazifistischen Intellektuellen und Künstlern (Baudouin, Arcos, Jouve, Masereel). Übersetzt Rollands Drama «Die Zeit wird kommen» und seinen Roman «Clerambault»

1918 27. Februar: Uraufführung des Dramas *Jeremias* am Stadttheater Zürich. Im März Übersiedlung mit Friderike in das Hotel Belvoir in Rüschlikon am Züricher See.

25. Dezember: Uraufführung des Schauspiels *Legende eines Lebens* in Hamburg

1919 März: Rückkehr nach Österreich und Übersiedlung in das Haus am Kapuzinerberg in Salzburg. Rousseaus «Emil oder die Erziehung» in einer von Zweig eingeleiteten und revidierten Übersetzung bei Kiepenheuer, Potsdam

1920 Eheschließung mit Friderike von Winternitz im Wiener Rathaus. Weitere Veröffentlichungen im Insel Verlag: *Marceline Desbordes-Valmore* (biographische Skizze), die Erzählung *Der Zwang* mit Holzschnitten von Masereel, Essays: *Drei Meister* (Balzac, Dickens, Dostojewski) als erster Teil der Reihe *Baumeister der Welt*

1921 Biographie *Romain Rolland, der Mann und das Werk* (Rütten & Loening, Frankfurt a. M.).
Dostojewski: Sämtliche Romane und Novellen, eingeleitet von Stefan Zweig (Insel Verlag)

1922 *Amok. Novellen einer Leidenschaft* (Insel Verlag). «Paul Verlaine. Gesammelte Werke, herausgegeben von Stefan Zweig» (Insel Verlag). Legende: *Die Augen des ewigen Bruders* (Insel-Bücherei Nr. 349)

1923 Monographie: *Frans Masereel. Der Mann und Bildner* (mit Arthur Hollitscher, Axel Juncker Verlag, Berlin). «Sainte-Beuve; Literarische Porträts» in zwei Bänden, herausgegeben und eingeleitet von Stefan Zweig (Frankfurter Verlagsanstalt, Frankfurt a. M.)

1924 *Die gesammelten Gedichte* (Insel Verlag); Einleitung zu Chateaubriands «Romantische Erzählungen» (Rikola Verlag, Wien–Leipzig–München)

1925 Einleitung zu Renans «Jugenderinnerungen» (Frankfurter Verlagsanstalt). *Der Kampf mit dem Dämon* (Hölderlin, Kleist, Nietzsche) im Insel Verlag als zweiter Teil der Reihe *Baumeister der Welt*

1926 Freie Bearbeitung der Komödie «Volpone» von Ben Jonson (Kiepenheuer, Potsdam). Im Verlag Rotapfel in Zürich gibt Zweig zusammen mit Gorki und Duhamel das «Liber amicorum Romain Rolland» heraus.
Am 6. November: Uraufführung des *Volpone* am Wiener Burgtheater

1927 20. Februar: Gedächtnisrede *Abschied von Rilke* im Staatstheater München. *Verwirrung der Gefühle*, Novellenband (Insel Verlag). *Sternstunden der Menschheit. Fünf historische Miniaturen* (Insel-Bücherei Nr. 165)

1928 Als dritter Band in der Reihe *Baumeister der Welt* erscheint *Drei Dichter ihres Lebens* (Casanova, Stendhal, Tolstoj) im Insel Verlag. Im September Reise zur Hundert-Jahrfeier Tolstojs in die Sowjet-Union

1929 *Joseph Fouché. Bildnis eines politischen Menschen; Das Lamm des Armen* (Tragikomödie); *Kleine Chronik* (Vier Erzählungen), alle im Insel Verlag. Gedenkrede für Hugo von Hofmannsthal, gehalten bei der Trauerfeier im Wiener Burgtheater

1930 Mit Friderike Besuch bei Maxim Gorki in Capo di Sorrento.
15. März: Erstaufführungen des Schauspiels *Das Lamm des Armen* in Breslau, Hannover, Lübeck, Prag; am 12. April am Wiener Burgtheater. Biblische Legende *Rahel rechtet mit Gott* (bibliophile Ausgabe, Berlin)

1931 Reise nach Frankreich, Zusammentreffen mit Joseph Roth in Cap d'Antibes. Veröffentlichungen im Insel Verlag: *Die Heilung durch den Geist* (Essays über Mesmer, Mary Baker-Eddy, Freud); *Ausgewählte Gedichte*

1932 Aufenthalt in Paris, Vorträge in Florenz und Mailand. Beginn der

Arbeit am Libretto *Die schweigsame Frau. Marie Antoinette. Bildnis eines mittleren Charakters*. Biographie (Insel Verlag)

1933 Bücherverbrennung durch die Nationalsozialisten, auch Zweigs Werke werden verbrannt. Ab 20. Oktober längerer Aufenthalt in London

1934 In Wien Kämpfe zwischen Heimwehr und Sozialisten. Das Haus am Kapuzinerberg wird nach Waffen durchsucht. Dieser Vorfall veranlaßt Zweig, seine Heimat zu verlassen, endgültige Übersiedlung nach London ohne seine Familie. *Triumph und Tragik des Erasmus von Rotterdam* erscheint im Herbert Reichner Verlag, Wien. Reise nach Schottland mit seiner Sekretärin Lotte Altmann: Vorarbeiten zu einer Biographie über Maria Stuart

1935 Übersetzung von Pirandellos Stück «Non si sa come» (Reichner Verlag).

Am 24. Juni Uraufführung der komischen Oper «Die schweigsame Frau» in Dresden (Komponist Richard Strauss, Text von Stefan Zweig). Die Biographie *Maria Stuart* bei Reichner (Wien) erschienen

1936 Neue Wohnung in London, Hallam Street 49. *Castellio gegen Calvin oder Ein Gewissen gegen die Gewalt* (Reichner). Im August erste Reise nach Brasilien, großartiger Empfang; anschließend nach Argentinien zum PEN-Kongreß in Buenos Aires

1937 *Begegnungen mit Menschen, Büchern, Städten* (Aufsätze und Erinnerungen) und die Legende *Der begrabene Leuchter* erscheinen im Verlag Herbert Reichner. Verkauf des Salzburger Hauses; endgültige Trennung von Friderike

1938 Mit Lotte Altmann nach Portugal: Vorarbeiten zu einer Biographie über Magellan. Im gleichen Jahr erscheint *Magellan. Der Mann und seine Tat* (Reichner). Ende Dezember Scheidung von Friderike.

«Anschluß» Österreichs an das Deutsche Reich. Zweig beantragt die britische Staatsbürgerschaft

1939 Roman *Ungeduld des Herzens* erscheint englisch bei Cassells in London unter dem Titel «Beware of Pity», deutsch bei Albert de Lange, Amsterdam und Bermann Fischer, Stockholm. Im Juli Übersiedlung in ein eigenes Haus in Bath; Eheschließung mit Lotte Altmann.

26. September: *Worte am Sarge Sigmund Freuds* in London

1940 Vortrag in Paris *Das Wien von gestern*; im Juli mit Lotte nach New York und weiter zu einer Vortragsreise nach Brasilien, Argentinien, Uruguay. Im Dezember zurück nach New York

1941 Wohnung in New Haven, Arbeit an *Amerigo – Geschichte eines historischen Irrtums* (1944 bei Bermann Fischer in Stockholm erschienen). *Brasilien. Ein Land der Zukunft* erscheint deutsch bei Bermann Fischer, englisch bei Viking, New York. Portugiesische, spanische, schwedische, französische Ausgaben. Übersiedlung nach Petropolis. Zweig verfaßt dort *Schachnovelle*, beginnt eine Studie über *Montaigne* und beendet seine Autobiographie *Die Welt von Gestern. Erinnerungen eines Europäers*

1942 Am 22. Februar Freitod gemeinsam mit Lotte Zweig. Staatsbegräbnis auf dem Friedhof von Petropolis.

Zeugnisse

Maxim Gorki
Ich glaube, noch niemand vor ihm hat so eindringlich, mit so erstaunlicher Barmherzigkeit zum Menschen über die Liebe geschrieben.
Vorwort zur russischen Ausgabe der Erzählungen von Stefan Zweig (1927)

Friderike Zweig
Dein Schrifttum ist ja nur ein Drittel Deines Selbst.
Brief an Stefan Zweig (Juli 1930)

Sigmund Freud
Es ist das Bedürfnis... Ihnen zu sagen, wie ich meine Lieblinge unter Ihren Schöpfungen genieße, den *Jeremias*, die *Verwirrung der Gefühle*, Ihre Vertiefung in das Seelenleben dämonischer Menschen, wie ich Ihre kunstvolle Sprache bewundere, die sich den Gedanken anschmiegt wie eine durchsichtig gedachte Kleidung mancher antiker Statuen um deren Leiber...
Brief an Stefan Zweig (1931)

Thomas Mann
Sein Weltruhm war wohlverdient und es ist tragisch, daß die seelische Widerstandskraft dieses hochbegabten Menschen unter dem schweren Druck dieser Zeit zusammengebrochen ist. Was ich am meisten an ihm bewunderte, war die Gabe, historische Epochen und Gestalten psychologisch und künstlerisch lebendig zu machen.
Nachruf auf Stefan Zweig, «Aufbau», New York (27. Februar 1942)

Hermann Hesse
Im übrigen halte ich weder seine Dichtungen noch seine vielen andern Bücher für etwas von mehr als Tageswert: Außer eben jener Gesinnung kann ich in ihnen nichts finden, was mehr wäre als guter, gepflegter Feuilletonismus.
Brief an Felix Lützkendorf (August 1947)

Arnold Zweig
Die bürgerliche Gesellschaft Österreichs besaß keinen nobleren Repräsentanten, keinen besseren Darsteller ihrer Fähigkeiten und ihrer Schwächen, ihres Charmes und ihrer Hoffnungslosigkeit als dieses Opfer Hitlers, den Vernichter seines eigenen Lebens, den Künstler Stefan Zweig.
«Über Schriftsteller» (1967)

Hermann Kesten
Ein Leser der Autobiographie Zweigs könnte auf die Vermutung kommen, Zweig sei ein farbloser Mensch gewesen. Im Gegenteil war er ein kurioser und komplizierter Mensch, vertrackt und interessant, neugierig und listig, ewig bedenklich, alles berechnend und sentimental, hilfreich und kühl, amüsant und voller Widersprüche, ein Großbürger in seiner Manier und unbürgerlich in seinen Äußerungen, komödiantisch und fleißig, immer geistig angeregt, banal und voller psychologischer Finessen, leicht erregt und schnell ermüdet...
«Meine Freunde, die Poeten» (1980)

Volker Michels
Stefan Zweig [beschämt] die politischen Grundsatzprogramme aller Lager durch seine überparteiliche Parteinahme für den Menschen, ein Einsatz, der... sich mit Wort und Tat überall engagiert, wo Menschen... unterdrückt und vergewaltigt werden.
Nachwort zu: «Stefan Zweig. Leben und Werk im Bild» (1981)

Max von der Grün
Wie tief das jüdische Element in Stefan Zweig verwurzelt war, sein Mittlertum, sein kompromißloser Pazifismus... drückt sich eindringlich in seinen Büchern aus, vor allem in den «Legenden», die für mich heute noch zu den ergreifendsten Geschichten deutscher Sprache gehören.
Nachwort zu «Das Stefan Zweig Buch» (1981)

Donald G. Daviau
Zweig war ein virtuoser Erzähler, der mit verlockendem Spürsinn in einem abwechslungsreichen, durch kräftige Kontraste gekennzeichneten Stil schrieb. Er liebte Pathos und dramatische Effekte, die das Gefühl der Leser direkt anzusprechen vermochten, sie mitrissen und fesselten... Er hat Weltruhm gewonnen, ohne sich an Form- oder Sprachexperimenten zu versuchen.
«Die Freundschaft zwischen Stefan Zweig und Paul Zech» (1986)

Bibliographie

1. Bibliographie

Klawiter, Randolph J.: Stefan Zweig: a Bibliography. University of North Carolina Studies in the Germanic Languages and Literature, No. 50. Chapel Hill 1965

2. Erstausgaben

Silberne Saiten. Gedichte. Berlin 1901
Die Liebe der Erika Ewald. Vier Novellen. Berlin 1904
Paul Verlaine. Monographie. Berlin–Leipzig 1905
Die frühen Kränze. Gedichte. Leipzig 1906
Tersites. Trauerspiel in drei Aufzügen. Leipzig 1907
Emile Verhaeren. Monographie. Leipzig 1910
Erstes Erlebnis. Vier Geschichten aus Kinderland. Leipzig 1911
Das Haus am Meer. Schauspiel. Leipzig 1912
Der verwandelte Komödiant. Leipzig 1913
Brennendes Geheimnis. Novellen. Leipzig 1914
Jeremias. Eine dramatische Dichtung in sieben Bildern. Leipzig 1917
Erinnerungen an Emile Verhaeren. Wien 1917
Das Herz Europas. Zürich 1918
Legende eines Lebens. Ein Kammerspiel in drei Aufzügen. Leipzig 1919
Fahrten. Landschaften und Städte. Leipzig–Wien–Zürich 1919
Marceline Desbordes-Valmore. Leipzig 1920
Angst. Novelle. Berlin 1920
Der Zwang. Eine Novelle. Leipzig 1920
Drei Meister: Balzac, Dickens, Dostojewski. Leipzig 1920
Romain Rolland. Der Mann und das Werk. Frankfurt a. M. 1921
Amok. Novellen einer Leidenschaft. Leipzig 1922
Die Augen des ewigen Bruders. Legende. Leipzig 1922
Frans Masereel. Der Mann und Bildner. Berlin 1923
Die gesammelten Gedichte. Leipzig 1924
Der Kampf mit dem Dämon: Hölderlin, Kleist, Nietzsche. Leipzig 1925
Volpone. Eine Komödie nach Ben Jonson. Potsdam 1926
Abschied von Rilke. Tübingen 1927
Der Flüchtling. Episode vom Genfer See. Leipzig 1927
Verwirrung der Gefühle. Novellen. Leipzig 1927
Sternstunden der Menschheit. Fünf historische Miniaturen. Leipzig 1927
Die unsichtbare Sammlung. Eine Episode aus der deutschen Inflation. Berlin 1927

Quiproquo. Komödie. Verfaßt gemeinsam mit Alexander Lernet-Holenia unter dem Pseudonym Clemens Neydisser. Wien 1928
Drei Dichter ihres Lebens: Casanova, Stendhal, Tolstoi. Leipzig 1928
Reise nach Rußland. Wien 1928
Das Lamm des Armen. Leipzig 1929
Kleine Chronik. Leipzig 1929
Joseph Fouché. Bildnis eines politischen Menschen. Leipzig 1929
Rahel rechtet mit Gott. Berlin 1930
Die Heilung durch den Geist: Franz Anton Mesmer, Mary Baker-Eddy, Sigmund Freud. Leipzig 1931
Marie Antoinette. Bildnis eines mittleren Charakters. Leipzig 1932
Triumph und Tragik des Erasmus von Rotterdam. Wien–Leipzig–Zürich 1934
Sinn und Schönheit der Autographen. Wien 1935
Die schweigsame Frau (Operntext für Richard Strauss, frei nach Ben Jonson). Berlin 1935
Arturo Toscanini. Ein Bildnis. Wien 1936
Castellio gegen Calvin oder Ein Gewissen gegen die Gewalt. Wien–Leipzig–Zürich 1936
Der begrabene Leuchter. Wien 1937
Begegnungen mit Menschen, Büchern, Städten. Wien–Leipzig–Zürich 1937
Georg Friedrich Händels Auferstehung. Eine historische Miniatur. Wien–Leipzig–Zürich 1937
Magellan. Der Mann und seine Tat. Wien–Leipzig–Zürich 1938
Ungeduld des Herzens. Roman. Stockholm 1939–Amsterdam 1939
Worte am Grabe Sigmund Freuds. London 1939
Brasilien. Ein Land der Zukunft. Stockholm 1941
Die Welt von Gestern. Erinnerungen eines Europäers. London 1941, Stockholm 1942
Schachnovelle. Buenos Aires 1942
Sternstunden der Menschheit. Zwölf historische Miniaturen. Stockholm 1943
Zeit und Welt. Stockholm 1943
Amerigo. Die Geschichte eines historischen Irrtums. Stockholm 1944
Balzac. Der Roman seines Lebens. Nachwort von Richard Friedenthal. Stockholm 1946
Europäisches Erbe. Hg. von RICHARD FRIEDENTHAL (enthält «Montaigne»). Frankfurt a. M. 1960
Fragment einer Novelle. Wien 1961
Die Hochzeit von Lyon. Wien 1980
Spanische Reise. Wien 1990
Peter Altenberg. Wien 1994

Im S. Fischer Verlag erscheinen die Werke Stefan Zweigs. Für den Stand der Edition siehe Anzeige S. 159

3. Stefan Zweigs Übersetzungen

CHARLES BAUDELAIRE, Gedichte in Vers und Prosa (übersetzt gemeinsam mit CAMILL HOFFMANN). Leipzig 1902
PAUL VERLAINE, Eine Anthologie der besten Übertragungen. Hg. von STEFAN ZWEIG (enthält sechs von Zweig übersetzte Gedichte). Berlin 1902

EMILE VERHAEREN, Ausgewählte Gedichte. Berlin 1904
ARCHIBALD B. H. RUSSELL, Die visionäre Kunstphilosophie William Blakes. Leipzig 1906
EMILE VERHAEREN, Ausgewählte Gedichte. Leipzig 1910
EMILE VERHAEREN, Drei Dramen. Leipzig 1910
EMILE VERHAEREN, Hymnen an das Leben. Leipzig 1912
EMILE VERHAEREN, Rembrandt. Leipzig 1912
EMILE VERHAEREN, Rubens. Leipzig 1913
ROMAIN ROLLAND, Den hingeschlachteten Völkern. Zürich 1918
ROMAIN ROLLAND, Die Zeit wird kommen. Wien–Leipzig 1919
MADELINE MARX, Weib. Roman (übersetzt gemeinsam mit FRIDERIKE M. ZWEIG). Basel 1920
ANDRÉ SUARÈS, Cressida (übersetzt gemeinsam mit ERWIN RIEGER). Wien 1920
ROMAIN ROLLAND, Clerambault. Frankfurt a. M. 1922
HENRI BARBUSSE, Die Schutzflehenden. Zürich–Leipzig–Stuttgart 1932
LUIGI PIRANDELLO, Man weiß nicht wie. Wien 1935
IRWIN ERDMANN, Ein Schimmer Licht im Dunkel (übersetzt gemeinsam mit RICHARD FRIEDENTHAL). Stockholm 1940

4. Lebenszeugnisse

Stefan Zweig, Briefe an Freunde. Hg. v. RICHARD FRIEDENTHAL. Frankfurt a. M. 1984
Stefan Zweig, Friderike Zweig, Unrast der Liebe. Ihr Leben und ihre Zeit im Spiegel ihres Briefwechsels. Hg. v. PETRA EISELE. Bern–München 1981
Stefan Zweig, Paul Zech, Briefe 1910–1942. Hg. v. DONALD G. DAVIAU. Frankfurt a. M. 1986
Stefan Zweig, Tagebücher. Hg. v. KNUT BECK. Gesammelte Werke in Einzelbänden. Frankfurt a. M. 1984
Stefan Zweig, Unbekannte Briefe aus der Emigration an eine Freundin. Hg. v. GISELLA SELDEN-GOTH. Wien–Stuttgart–Basel 1964
Maxim Gorki, Stefan Zweig, Briefwechsel. Hg. v. KURT BÖTTCHER. Leipzig 1973
Stefan Zweig, Romain Rolland, Briefe aus den dreißiger Jahren. Sinn und Form 1986, Heft 3, S. 556–564
Richard Strauss, Stefan Zweig, Briefwechsel. Hg. v. WILLI SCHUH. Frankfurt a. M. 1957
PRATER, DONALD A.: Stefan Zweig und Hermann Hesse (Briefwechsel zwischen Zweig und Hesse vom Januar 1903 bis 9. Juli 1938). In: DONALD G. DAVIAU und HARVEY DUNKLE (ed.), Modern Austrian Literature. Journal of the International Research Association. Special Stefan Zweig Issue. University of California at Riverside. Vol. 14, Nos 3/4, 1981, S. 1–70
ZOHN, HARRY: Aus unbekannten Briefen von und über Stefan Zweig. In: Special Stefan Zweig Issue, a. a. O., S. 137–145
Stefan Zweig, Briefwechsel mit Hermann Bahr, Sigmund Freud, Rainer Maria Rilke und Arthur Schnitzler. Hg. v. JEFFREY B. BERLIN, HANS-ULRICH LINDKEN und DONALD A. PRATER. Frankfurt a. M. 1987
Eine Zusammenstellung bisher unveröffentlichter Briefe Zweigs ist abgedruckt in: DONALD A. PRATER, Stefan Zweig. Das Leben eines Ungeduldigen. München 1981. S. 520

Stefan Zweig – Triumph und Tragik. Aufsätze, Tagebuchnotizen, Briefe. Hg. v. ULRICH WEINZIERL. Frankfurt a. M. 1992

Stefan Zweig, Briefe 1897–1914. Hg. v. KNUT BECK, JEFFREY B. BERLIN u. NATASCHA WESCHENBACH. Frankfurt a. M. 1995

Stefan Zweig, Briefe 1914–1919. Hg. v. Knut Beck, Jeffrey B. Berlin u. Natascha Weschenbach-Feggeler. Frankfurt a. M. 1998

BIRK, MATJAZ: Vielleicht führen wir zwei verschiedene Sprachen... Zum Briefwechsel zwischen Joseph Roth und Stefan Zweig. Mit 21 bisher unveröffentlichten Briefen. Münster 1996

5. Literatur über Stefan Zweig

ALAMI, MOURAD: Der Stil der literarischen Biographien bei Stefan Zweig: erläutert am «Joseph Fouché». In: Europäische Hochschulschriften, 1, 1136. Frankfurt a. M.–Bern–New York–Paris 1989

ALLDAY, ELIZABETH: Stefan Zweig. A Critical Biography. London 1972

ARENDT, HANNAH: Juden in der Welt von gestern. Anläßlich Stefan Zweig, Die Welt von Gestern. Sechs Essays. Heidelberg 1948

ARENS, HANNS: Stefan Zweig. Sein Leben – sein Werk. Esslingen 1949

(Hg.): Der große Europäer Stefan Zweig. Frankfurt a. M. 1981

Begegnungen mit Stefan Zweig. In: ARENS, Der große Europäer Stefan Zweig, a. a. O., S. 61–67

BAUER, ARNOLD: Stefan Zweig. Berlin ^{7}1996

BAUER, WALTER: Der Europäer Stefan Zweig. In: ARENS, Der große Europäer Stefan Zweig, a. a.O., S. 134

BOTSTEIN, LEON: Stefan Zweig and the Illusion of the Jewish European. In: MARION SONNENFELD (ed.), Stefan Zweig. The World of Yesterday's Humanist Today. Proceedings of the Stefan Zweig Symposium. State University of New York 1983. S. 82–110

BRAUN, FELIX: Das Licht der Welt. Geschichte eines Versuches als Dichter zu leben. Wien 1949

Brief an den toten Freund, Wien im Januar 1951. In: ARENS, Der große Europäer Stefan Zweig, a. a. O., S. 184–186

Zeitgefährten. München 1963

BROD, MAX: Streitbares Leben. Autobiographie. München 1960

CARMELY, KLARA: The Ideal of Eternal Homelessness: Stefan Zweig and Judaism. In: SONNENFELD, a. a. O., S. 111–117

CERF, STEVEN: Stefan Zweig's Sole Librettistic Attempt «Die schweigsame Frau»: A Modernistic Opera Buffa. In: Special Stefan Zweig Issue, S. 205–219

CHÉDIN, RENATE: Die Tragik des Daseins. Stefan Zweigs ‹Die Welt von Gestern›. Würzburg 1996

DAVIAU, DONALD G.: The Spirit of Humanism as Reflected in Stefan Zweig's Dramatic Works. In: SONNENFELD, a. a. O., S. 195–209

Stefan Zweig's Victors in Defeat. In: Monatshefte, University of Wisconsin, Januar 1959, S. 1–12

DAVIAU, DONALD G., und HARVEY J. DUNKLE: Stefan Zweig's Schachnovelle. In: Monatshefte, University of Wisconsin, April 1973, S. 370–384

DAVIAU, DONALD G., und HARVEY J. DUNKLE (ed.): Modern Austrian Literature. Journal of the International Research Association. Special Stefan Zweig Issue, University of California at Riverside, Vol. 14, Nos. 3/4, 1981

DINES, ALBERTO: Death in Paradise. Some Revelations About Stefan Zweig's Presence in Brazil. In: SONNENFELD, a. a. O., S. 289–301

DUMONT, ROBERT: Stefan Zweig et la France. Études de littérature étrangère et comparée, No. 58, Paris 1967
Le théâtre de Stefan Zweig. Publications de l'Université de Rouen, Serie littéraire No. 34, Paris 1976
FAESI, ROBERT: Erinnerungen an Stefan Zweig. In: Schweizer Monatshefte Jg. 41, 12 (März 1962), S. 1301–1310
FITZBAUER, ERICH (Hg.): Stefan Zweig. Spiegelungen einer schöpferischen Persönlichkeit. Wien 1959
Stefan Zweig als Dramatiker. In: Deutsche Rundschau, 85. Jg., 5, 1960
(Bearb.): Stefan Zweig 1881–1942. Ausstellung in der Residenz in Salzburg. Salzburg 1961
FLAKE, OTTO: Verwirrung der Gefühle. In: ARENS, Der große Europäer Stefan Zweig, a. a. O., S. 48f
FREUD, SIGMUND: Brief an Stefan Zweig, Wien 28. XI. 1931. In: ARENS, Der große Europäer Stefan Zweig, a. a. O., S. 47
GARRIN, STEPHEN HOWARD: History As Literature: Stefan Zweig's Sternstunden der Menschheit. In: SONNENFELD, a. a. O., S. 118–127
GELBER, H. MARK (Hg.): Stefan Zweig – heute. New Yorker Studien zur neueren deutschen Literaturgeschichte, Bd. 7. Paris 1987
GROSSBERG, MIMI: Zweig im Film. In: SONNENFELD, a. a. O., S. 314–319
HAENEL, THOMAS: Die Suizidproblematik bei Stefan Zweig. In: Special Stefan Zweig Issue, a. a. O., S. 337–355
HENZE, VOLKER: Jüdischer Kulturpessimismus und das Bild des Alten Österreich im Werk Stefan Zweigs und Joseph Roths. In: Beiträge zur neueren Literaturgeschichte, 3. Folge, 82. Heidelberg 1988
HONSZA, NORBERT: Stefan Zweig und die dichterische Biographie. In: Annali Instituto Orientali di Napoli. Sezione Germanica, Napoli, 7, 1964, S. 123–141
IGGERS, GEORG: Some Introductory Observations on Stefan Zweig's World of Yesterday. In: SONNENFELD, a. a. O., S. 1–9
IGGERS, WILMA: The World of Yesterday in the View of an Intellectual Historian. In: SONNENFELD, a. a. O., S. 10–19
JACOB, HEINRICH EDUARD: Aus den Polizeiakten von Petropolis. In: STEFAN ZWEIG, FRIDERIKE ZWEIG, Unrast der Liebe, a. a. O., S. 293–298
JARMATZ, KLAUS: Stefan Zweigs Humanismusverständnis. In: Weimarer Beiträge 21/1975/9, S. 94–115
JONAS, KLAUS W.: Stefan Zweig und Thomas Mann: Versuch einer Dokumentation. In: Special Stefan Zweig Issue, a. a. O., S. 99–135
KESTEN, HERMANN (Hg.): Deutsche Literatur im Exil. Briefe europäischer Autoren 1933–1949. Frankfurt a. M. 1975
Stefan Zweig, der Freund. In: ARENS, Der große Europäer Stefan Zweig, a. a. O., S. 86–95
Meine Freunde die Poeten. Frankfurt a. M. – Berlin – Wien 1980
KLAWITER, RANDOLPH J.: The State of Stefan Zweig Research: An Update. In: SONNENFELD, a. a. O., S. 324–340
LEPPMANN, WOLFGANG: Gerhart Hauptmann. Leben, Werk und Zeit. Bern – München – Wien 1986
LUKÁCS, GEORG: The Historical Novel. Harmondsworth 1962
MANN, KLAUS: Der Wendepunkt. München 1969
Stefan Zweig. In: ARENS, Der große Europäer Stefan Zweig, a. a. O., S. 122 bis 127
MANN, THOMAS: Briefe 1889–1936. Hg. v. ERIKA MANN. Frankfurt a. M. 1961

Briefe 1937–1947. Hg. v. ERIKA MANN. Frankfurt a. M. 1963
Stefan Zweig zum zehnten Todestag 1952. In: ARENS, Der große Europäer Stefan Zweig, a. a. O., S. 187f
MATTHIAS, KLAUS: Humanismus in der Zerreißprobe. Stefan Zweig im Exil. In: MANFRED DURZAK (Hg.), Die deutsche Exilliteratur 1933–1945. Stuttgart 1973. S. 291–311
MERTZ, PETER: Mit Stefan Zweig durch Europa. Innsbruck 1990
MÜLLER-EINIGEN, HANS: Jugend in Wien. Wien 1948
NEDELJKOVIC, D.: Romain Rolland et Stefan Zweig. Paris 1970
PAZI, MARGARITA: Stefan Zweig, Europäer und Jude. In: Special Stefan Zweig Issue, a. a. O., S. 291–311
PRATER, DONALD A.: Stefan Zweig. Das Leben eines Ungeduldigen. München 1981
Stefan Zweig and England. In: German Life & Letters XVI, 1, 1962, S. 1–16
PRATER, DONALD A: Stefan Zweig und die Welt von gestern. Wien 1994
PRATER, DONALD A., und VOLKER MICHELS (Hg.): Stefan Zweig. Leben und Werk im Bild. Frankfurt a. M. 1981
REISIGER, HANS: Freundliches Erinnern an Stefan Zweig. In: ARENS, Der große Europäer Stefan Zweig, a. a. O., S. 128f
REN, GUO-QIANG: Am Ende der Mißachtung? Studie über die Stefan Zweig-Rezeption in der deutschen Literaturwissenschaft nach 1945. Aachen 1996
RENOLDNER, KLEMENS u. KARLHUBER, PETER (Hg.): Stefan Zweig. Bilder – Texte – Dokumente. Salzburg 1997
RIEGER, ERWIN: Stefan Zweig. Der Mann und das Werk. Berlin 1928
RILKE, RAINER MARIA: Briefe aus den Jahren 1906–1907. Leipzig 1930
ROHNER, LUDWIG: Der deutsche Essay. Materialien zur Geschichte und Ästhetik einer literarischen Gattung. Neuwied–Berlin 1966
ROLLAND, ROMAIN: Zwischen den Völkern: Aufzeichnungen und Dokumente aus den Jahren 1914–1919. Übersetzt von Ré Soupault. Bd. I–II. Stuttgart 1954
ROMAINS, JULES: Stefan Zweig, Great European. New York 1941
SCHEIBLE, HARTMUT: Literarischer Jugendstil in Wien. München–Zürich 1984
SCHEUER, HELMUT: Biographie. Studien zur Funktion und zum Wandel einer literarischen Gattung vom 18. Jahrhundert bis zur Gegenwart. Stuttgart 1979
SCHWAMBORN, INGRID (Hg.): Die letzte Partie. Stefan Zweigs Leben und Werk in Brasilien (1932–1942). Bielefeld 1998
SONNENFELD, MARION (ed.): Stefan Zweig. The World of Yesterday's Humanist Today. Proceedings of the Stefan Zweig Symposium. State University of New York 1983
SPECHT, RICHARD: Stefan Zweig. Versuch eines Bildnisses. Einleitung zur russischen Gesamtausgabe der Werke. Verlag Wremja, Leningrad. Leipzig 1927
Stefan Zweig. Bilder – Texte – Dokumente. Hg. v. KLEMENS RENOLDER, HILDEMAR HOLL u. PETER KARLHUBER. Salzburg 1993
STEIMAN, LIONEL: The Eclipse of Humanism: Zweig Between the Wars. In: Special Stefan Zweig Issue, a. a. O., S. 147–193
The Worm in the Rose: Historical Destiny and Individual Action in Stefan Zweig's Vision of History. In: SONNENFELD, a. a. O., S. 128–156
STRELKA, JOSEPH: Stefan Zweig. Freier Geist der Menschlichkeit. Wien 1981
The British Library (Hg.): Stefan Zweig series of concerts, lectures and exhibitions 1987. London 1987
THIMANN, SUSANNE: Brasilien als Rezipient deutschsprachiger Prosa des 20. Jahrhunderts. Bestandsaufnahme und Darstellung am Beispiel der Rezeptionen

Thomas Manns, Stefan Zweigs und Hermann Hesses. Frankfurt a. M.–Bern–New York–Paris 1989
TURNER, DAVID: The Humane Ideal in Stefan Zweig's Novelle: Some Complications and Limitations. In: SONNENFELD, a. a. O., S. 157–167
Moral values and the human zoo: the Novellen of Stefan Zweig. Hull 1988
VIERTEL, BERTHOLD: Abschied von Stefan Zweig. In: ARENS, Der große Europäer Stefan Zweig, a. a. O., S. 191–199
WALTER, HANS-ALBERT: Vom Liberalismus zum Eskapismus. Stefan Zweig im Exil. In: Frankfurter Hefte XXV, 6 (Juni 1970), S. 427–437
WERNER, ARTHUR (Hg.): Begegnung mit Stefan Zweig. Wien 1972
ZECH, PAUL: Stefan Zweig. Eine Gedenkschrift. In: STEFAN ZWEIG, PAUL ZECH, Briefe 1910–1942. Hg. von DONALD G. DAVIAU. Frankfurt a. M. 1986.
ZOHN, HARRY: Stefan Zweig und Emil Verhaeren. In: FITZBAUER, a. a. O., S. 24 bis 31
Stefan Zweig and Romain Rolland – the Literary and Personal Relationship. In: Universitas 16, 2, 1974, S. 174–196
ZUCKMAYER, CARL: Als wär's ein Stück von mir. Horen der Freundschaft. Stuttgart–Hamburg 1966
ZWEIG, FRIDERIKE: Spiegelungen des Lebens. Wien–Stuttgart–Zürich 1964
Stefan Zweig. Wie ich ihn erlebte. Berlin 1948
Antworten. In: STEFAN ZWEIG, FRIDERIKE ZWEIG, Unrast der Liebe, a. a. O., S. 299–305

6. Verfilmungen (Auswahl)

1924 *Das Haus am Meer*: Regie Fritz Kaufmann; mit Asta Nielsen und Albert Steinrück
1927 *Das Schicksal einer Nacht*: Regie Erich Schönfelder; mit Erna Morena und Harry Liedtke
1927 *Amok*: Regie Konstantin Mardschanov
1934 *Amok*: Regie Fedor Ozep
1938 «The Burning Secret» (*Brennendes Geheimnis*): Regie Robert Siodmak; mit Joachim Schaufuss
1943 *Brief einer Unbekannten*: Regie Hannu Leminen
1946 «Beware of Pity» (*Ungeduld des Herzens*): Regie Maurice Elvey; mit Lilli Palmer und Albert Lieven
1948 «Letter from an Unknown Woman» (*Brief einer Unbekannten*): Regie Max Ophüls; mit Joan Fontaine und Louis Jourdan
1952 «24 Hours of a Woman's Life» (*Vierundzwanzig Stunden aus dem Leben einer Frau*): Regie Vic Saville; mit Merle Oberon und Richard Todd
1954 *Angst*: Regie Roberto Rosselini; mit Ingrid Bergman, Matthias Wieman, Renate Mannhardt
1960 *Schachnovelle*: Regie Gerd Oswald; mit Curd Jürgens, Mario Adorf, Claire Blum. Drehbuch: Herbert Reinecker, Harold Medford, Gerd Oswald
1977 (ZDF) *Das Lamm des Armen*: Drehbuch Oswald Döpke; mit Angelika Bender, Wolf Roth, Günther Strack, Horst Frank
1988 *Brennendes Geheimnis*: Deutsch-englischer Spielfilm. Drehbuch und Regie Andrew Birkin; mit Klaus Maria Brandauer und Faye Dunaway

Für wichtige bibliographische Hinweise und Korrekturen danke ich dem Leiter des Dokumentations- und Forschungsarchivs «10. Mai 1933 – Deutsche Literatur auf dem Scheiterhaufen» in Gräfelfing bei München, Herrn Georg P. Salzmann.

Herrn Professor Erich Fitzbauer bin ich für seine produktive Kritik zu großem Dank verpflichtet.

Namenregister

Die kursiv gesetzten Zahlen bezeichnen die Abbildungen

Über den Autor

Hartmut Müller (1932–1995), Dr. phil., Studium der Germanistik, Anglistik, Geschichte und Philosophie, als Autor und Herausgeber tätig, Aufsätze in Fachzeitschriften und Beiträge zu Sammelwerken.

Selbständige Veröffentlichungen: Formen moderner deutscher Lyrik (1970, ^{4}1987), Hofmannsthal: Jedermann (Grundlagen und Gedanken zum Drama, 1974); Lord Byron mit Selbstzeugnissen und Bilddokumenten (1981); Imperialismus und Erster Weltkrieg (Stundenblätter 1981); Der Nationalsozialismus: Die große Täuschung (Stundenblätter 1983); Predigt in Farbe. Spätbarocke Fresken von Johann Anwander und Joseph Wannenmacher in Schwäbisch Gmünd (mit Farbfotos von Johannes Schüle, 1984); Franz Kafka. Leben, Werk, Wirkung (Hermes Handlexikon 1985); Postgaul und Flügelroß. Der Journalist Christian Friedrich Daniel Schubart 1739–1791 (1985). Schubart-Literaturpreis der Stadt Aalen. Lacht nur, Menschen lacht! Heitere, kuriose und drastische Predigten aus alter Zeit (herausgegeben 1989); Martin Luther – privat. Briefe an Familie und Freunde (herausgegeben 1990); Literaturreisen. Mörike in Schwaben (1991). Literaturreisen. Der Neckar (1994).

Quellennachweis der Abbildungen

Schiller-Nationalmuseum, Marbach a. N.: 35, 51, 54, 79 o., 86, 92, 93, 120, 125
Österreichische Nationalbibliothek, Wien: 9, 14, 17, 25, 42, 73 u., 91
Nachlaß Friderike Zweig: 8, 13, 41, 52
Sammlung Donald Prater: 72, 94, 107
Sammlung Klaus Schröter: 16
Leonhard M. Fiedler: 20
Aus: «Dostojevsky lived here»: 18 o. l.
Bildarchiv Preußischer Kulturbesitz, Berlin: 18 o. r.
Monica Berenberg: 18 u. r.
Insel Verlag: 18 u. l., 62, 66, 102
Raimund von Hofmannstahl: 23
S. Fischer Verlag: 28, 67, 73 o.
Heinrich Schnitzler: 31
Ullstein-Bilderdienst, Berlin: 36, 37, 45 u., 58, 81, 97 o., 97 u.
National Portrait Gallery, London: 45 o.
dpa: 46, 112
Stiftung Studienbibliothek, Zürich: 60, 61, 68, 79 u.
Rowohlt Archiv: 80 o., 128
Sammlung K. L. Maschler: 80 u., 104, 111, 115
Archiv für Kunst und Geschichte, Berlin (Historia Photo): 89
Handschriftenabteilung der Stadtbibliothek München: 98
Öffentliche Kunstsammlung Basel: 99
Éditions du Seuil, Paris: 118, 128
Archiv des S. Fischer Verlags, Frankfurt a. M.: 130
Erich Fitzbauer, Wien: 6, 15, 21, 22, 24, 26, 48, 49, 55, 117
Pierre Vorms, Belvès: 88
Peer Baedecker, Bayreuth: 108, 109

Freundlich unterstützten uns bei der Illustration des Bandes: Frau Susanne Hoeller (Florida), Frau Sonja Dobbins (Agentur K. L. Maschler, London), Herr Erich Fitzbauer (Wien), Herr Volker Michels (Frankfurt a. M.), Herr Donald A. Prater (Giggins), die State University of New York, College at Fredonia, Reed Library, der S. Fischer Verlag und der Insel Verlag. Ihnen allen gilt unser besonderer Dank.

Literatur

rowohlts monographien
Begründet von Kurt Kusenberg, herausgegeben von Wolfgang Müller und Uwe Naumann.

Thomas Bernhard
dargestellt von Hans Höller
(50504)

Hermann Broch
dargestellt von Manfred Durzak
(50537)

Agatha Christie
dargestellt von Monika Gripenberg
(50493)

Marion Dönhoff
dargestellt von Haug von Kuenheim
(50625)

Johann Wolfgang von Goethe
dargestellt von Peter Boerner
(50577)

Carlo Goldoni
dargestellt von Hartmut Scheible
(50462)

Franz Kafka
dargestellt von Klaus Wagenbach
(50091)

Jack London
dargestellt von Thomas Ayck
(50244)

Die Familie Mann
dargestellt von Hans Wißkirchen
(50630)

Nelly Sachs
dargestellt von Gabriele Fritsch- Vivié
(50496)

4505/10a

rowohlts monographien

William Shakespeare
dargestellt von Alan Posener
(50551)

Theodor Storm
dargestellt von Hartmut Vinçon
(50186)

Italo Svevo
dargestellt von François Bondy und Ragni Maria Gschwend
(50459)

Jules Verne
dargestellt von Volker Dehs
(50358)

Oscar Wilde
dargestellt von Peter Funke
(50148)

Stefan Zweig
dargestellt von Hartmut Müller
(50413)

Weitere Informationen in der **Rowohlt Revue**, kostenlos im Buchhandel, und im **Internet: www.rororo.de**